DES DROITS

DES

BAILLEURS DE FONDS

RURAUX ET URBAINS

EN DROIT ROMAIN ET EN DROIT FRANÇAIS.

THÈSE

PRÉSENTÉE A LA FACULTÉ DE DROIT DE POITIERS

POUR OBTENIR LE GRADE DE DOCTEUR

et

SOUTENUE LE SAMEDI 4 AOUT 1860, A 2 HEURES 1 2 DU SOIR

DANS LA SALLE DES ACTES PUBLICS DE LA FACULTÉ

par

J.-O.-C. Chambourdon

Avocat à la Cour impériale de Poitiers.

POITIERS

IMPRIMERIE DE A. DUPRÉ

RUE DE LA MAIRIE, 40.

—

1860

DES DROITS

DES

BAILLEURS DE FONDS

RURAUX ET URBAINS

EN DROIT ROMAIN ET EN DROIT FRANÇAIS.

⸻※⸻

THÈSE

PRÉSENTÉE A LA FACULTÉ DE DROIT DE POITIERS

POUR OBTENIR LE GRADE DE DOCTEUR

et

SOUTENUE LE SAMEDI 4 AOUT 1860, A 2 HEURES 1/2 DU SOIR

DANS LA SALLE DES ACTES PUBLICS DE LA FACULTÉ

par

J.-B.-E. Chambourdon

Avocat à la Cour impériale de Poitiers.

⸻◆⸻

POITIERS

IMPRIMERIE DE A. DUPRÉ

RUE DE LA MAIRIE, 10.

——

1860

Ⓒ

A MON PÈRE, A MA MÈRE,

Hommage d'affection et de reconnaissance.

A MES SOEURS, A MON FRÈRE ET A MON BEAU-FRÈRE,

Gage d'amitié.

COMMISSION :

PRÉSIDENT,	M. ABEL PERVINQUIÈRE ✿.
SUFFRAGANTS,	M. GRELLAUD ✿, M. BOURBEAU, M. RAGON, } Professeurs. M. A. DE LA MÉNARDIÈRE, Agrégé.

———◆◆◆———

Vu par le président de l'acte, ABEL PERVINQUIÈRE ✿.

Vu par le recteur,
JUSTE ✿.

Vu pour M. le doyen en congé.
Le professeur délégué, H. GRELLAUD ✿.

« Les *visas* exigés par les règlements sont une garantie des principes
» et des opinions relatives à la religion, à l'ordre public et aux bonnes
» mœurs (*Statut du 9 avril 1825, art.* 41), mais non des opinions
» purement juridiques, dont la responsabilité est laissée aux candidats.
» Le candidat répondra en outre aux questions qui lui seront faites
» sur les autres matières de l'enseignement. »

PREMIÈRE PARTIE.

DROIT ROMAIN.

DES DROITS DES BAILLEURS DE FONDS RURAUX ET URBAINS.

Cette matière sera divisée en quatre chapitres :

Le premier traitera de l'action *locati ;*

Le second, de l'action servienne ou quasi-servienne et de l'interdit salvien ;

Le troisième, des différences qui existent entre l'action *locati* et l'action servienne ou quasi-servienne ;

Dans le quatrième, on comparera les droits du bailleur d'un fonds rural aux droits du bailleur d'un fonds urbain.

CHAPITRE PREMIER.

DE L'ACTION *locati*.

L'action *locati* a pour objets :

1° Le payement des loyers;

2° La restitution de la chose louée;

3° Les dommages-intérêts dont le locataire s'est rendu passible envers le locateur.

§ Ier. — *Payement des loyers.*

Les loyers doivent être payés au locateur, qui en est le créancier, ou à la personne qu'il a désignée pour les recevoir.

S'il s'agit d'un sous-locataire, il pourra se libérer, même envers son bailleur, en payant au locateur principal ce qui lui est dû (1), et ce payement unique aura pour effet d'éteindre, jusqu'à concurrence de son montant, deux dettes personnelles ; la dette du sous-locataire vis-à-vis de celui qui lui a sous-loué la chose, et la dette de ce dernier vis-à-vis du locateur primitif.

En cas de mort du bailleur, c'est entre les mains de son héritier, continuateur de sa personne civile et successeur à tous ses droits, que les loyers doivent être versés (2).

(1) D. 13, 7, 11, § 5.
(2) *Ib.*

Le défunt laisse-t-il plusieurs héritiers? les loyers se divisent entre eux de plein droit, comme toutes les autres
créances, et chacun d'eux est armé de l'action *ex locato*
pour sa part et portion héréditaire.

Il peut arriver que le partage attribue la totalité de la
chose au lot d'un seul héritier. Mais est-ce à dire que ce
partage l'investit des actions que ses cohéritiers avaient
contre le locataire? Nullement. Cet héritier n'est que leur
successeur à titre particulier, l'acquéreur de leurs parts.
Le partage n'est qu'une vente entre héritiers (1), et de
même que la vente de la chose louée n'a pas pour effet de
faire passer sur la tête de l'acheteur les actions naissant du
louage, ainsi le partage et l'attribution de la chose au lot
d'un seul héritier ne modifient en rien, quant aux actions
du louage, la position du locataire. Il faut quelque chose
de plus pour que cet héritier puisse exercer les actions de
ses cohéritiers. Ce qu'il faut, ce n'est pas un transport d'actions s'opérant du consentement des copartageants au profit de l'un d'eux; un pareil transport n'est pas permis (2);
mais ce que l'on pourra faire, ce sera une novation : le
locataire pourra accepter pour créancier unique un seul
des héritiers, sur l'ordre des autres. Cet héritier aura le
droit, la novation accomplie, de poursuivre en son nom le
payement intégral des loyers (3).

Mais il y a aussi un autre moyen, et il est indépendant
de la volonté du débiteur. L'héritier pourra recevoir de ses
copartageants, par un mandat, le droit d'exercer leurs ac-

(1) C. 3, 38, 1.
(2) Gaius, 2, § 38.
(3) *Ib.*

tions (1). Il les intentera de leur chef et en leur nom (2), mais il gardera pour lui ce qu'il obtiendra.

Le bailleur a la faculté de poursuivre le payement des loyers soit sur les biens qui y sont affectés, soit contre les fidéjusseurs qui l'ont garanti, soit contre le locataire. Il lui est libre de choisir, entre ces différentes voies de payement, celle que son caprice veut préférer (3). S'il y a plusieurs fidéjusseurs, il peut attaquer celui qu'il veut, même pour le tout (4). Ces différents droits furent modifiés, pour le bailleur comme pour tous les autres créanciers, par l'heureuse innovation des bénéfices de division et de discussion (5).

Il peut se faire qu'une location ait été faite à plusieurs, et que chacun ne se soit obligé que pour sa part. Dans ce cas, personne ne pourra être poursuivi pour la dette des autres. Mais si tous les locataires se sont obligés *in solidum*, le locateur pourra contraindre celui qu'il voudra à payer tous les loyers (6). Justinien, apportant à ce droit une restriction équitable, décida que, dans ce cas, le créancier devrait diviser son action entre les débiteurs présents et solvables au moment où il exercerait les poursuites en payement (7).

Les loyers doivent être payés aux termes convenus, et, à défaut de conventions, aux termes d'usage : « Ea enim quæ sunt moris et consuetudinis, in bonæ fidei judiciis debent venire (8). »

(1) Gaïus, 2, § 39.
(2) *Ib.*
(3) C. 8, 14, 14 et 24.—*Ib.* 41, 5.
(4) *Inst. Just.* 3, 20, 4.—Gaïus 3, § 121.
(5) *Ib.* Nov. 4, cap. 1. *Inst. Just.* 3, 20, 4.
(6) C. 4, 65, 13.
(7) Nov. 99, cap. 1.
(8) D. 21, 1, 31, § 20.

En cas de retard, le locataire doit les intérêts à partir du moment où il a été en demeure : « In bonæ fidei contractibus, ex mora usuræ debentur (1). » Il en est de même des fidéjusseurs, s'ils ont garanti toutes les obligations du louage (2).

Le défaut de payement des loyers pendant deux ans continus est une cause de résolution de ce contrat (3).

Si un cas de force majeure a détruit, avant leur perception, une quantité considérable de fruits, le locataire, qui jouit moyennant un prix en argent, a droit à une diminution proportionnelle des loyers, à moins que ce ... désastres ne se trouvent compensés par la fertilité des a... années. Ce droit de diminution est fondé sur ce que l ... as fortuit a empêché le locataire de jouir du fonds en le privant de la perception des fruits (4).

Il ne faudrait donc pas lui accorder de remise, si, les fruits perçus, un accident de force majeure venait à les détruire, car ils auraient péri à une époque où sa jouissance était complète.

Le locataire peut, par une clause du bail, renoncer à ce droit de diminution. Il pourrait, en effet, se charger des cas fortuits relativement à la chose (5); à plus forte raison, peut-il s'en charger relativement aux fruits, qui en sont un accessoire.

Même dans le silence du contrat, il n'aurait pas droit à un rabais, si la perte était modique : « Modicum damnum

---

(1) D. 22, 1, 32, § 2.—C. 4, 65, 11.
(2) D. 19, 2, 54 pr.
(3) C. 4, 65, 3, et D. 19, 2, 54, § 1, et 56.
(4) D. 19, 2, 15, § 2 à 6, § 7, et 25, § 6.
(5) *Ib.* 9, § 2.

æquo animo ferre debet colonus, cui immodicum lucrum non aufertur (1) . »

Il résulte aussi de ce texte que le propriétaire ne peut prétendre à une augmentation de prix, dans le cas où des années d'une abondance extraordinaire sont venues enrichir le locataire au delà de ses espérances.

Quant au colon partiaire, il cultive sous la condition de partager les fruits avec le propriétaire. Ils sont comme deux associés : ils profitent en commun de la fécondité du sol et supportent en commun aussi sa stérilité, si d'ailleurs celle-ci n'a pas été occasionnée par la faute de l'un d'eux (2).

Il est évident que l'obligation du preneur de payer les loyers ayant pour cause l'obligation du bailleur de le faire jouir de la chose, le preneur ne les devra pas, si le propriétaire ne l'a pas mis à même de jouir.

Il n'est donc tenu des loyers qu'au prorata de sa jouissance. Néanmoins le locataire n'aurait pas droit à une remise du loyer, si la jouissance de la maison louée était rendue moins commode par quelques réparations devenues nécessaires pendant le cours du bail. Ces réparations sont d'usage dans cette sorte de contrat. Les parties sont considérées comme les ayant prévues au moment où elles ont contracté, et le locataire est réputé avoir consenti à ne pas s'en plaindre (3).

Que, par une cause légitime et vraisemblable, il se voie, sans qu'il y ait faute de sa part, contraint d'abandonner l'habitation ou la ferme avant l'expiration du louage, les

(1) *Ib.* 25, § 6.
(2) *Ib.*
(3) *Ib.* 27 pr.

loyers cessent aussitôt de courir; il ne doit que ceux antérieurement échus (1).

Il n'est même pas nécessaire que la cause soit véritable :
ainsi, il a pù raisonnablement redouter quelque péril, et
c'est pour l'éviter qu'il a quitté les lieux. Il se trouve que le
danger n'existait pas réellement ; le cours des loyers n'en a
pas moins été interrompu (2).

Mais le locataire ne serait pas écouté, s'il essayait de se
prévaloir d'un péril de nature à n'impressionner qu'un
esprit pusillanime : « Vani timoris justa excusatio non
est (3). »

Le loyer doit consister en une somme de monnaie (4), ou
dans une certaine quantité des fruits que produit la chose
louée (5).

Il doit être sérieux, pour que le propriétaire ait le droit de
l'exiger (6).

§ II. — De la restitution de la chose louée.

Le temps du louage écoulé, le bailleur a le droit de se
faire restituer la chose, le locataire n'ayant plus aucun titre
pour la retenir. En vain ce dernier se prétendrait-il propriétaire; il n'en devrait pas moins, avant de plaider la
question de propriété, remettre la chose à celui qui la lui

(1) *Ib.* 27, § 1.
(2) *Ib.* et 55, § 2.
(3) D. 50, 17, 184.
(4) *Inst. Just.* 3, 21 pr., et § 2, combinés avec *ib.* 23, § 2.
(5) C. 4, 65, 18 et 21. — D. 19, 2, 25, § 6.
(6) D. 19, 2, 46.

a donnée à loyer (1). S'il s'obstinait à la garder, il s'expose-
rait à fournir à son adversaire victorieux et la chose et son
estimation (2).

Mais si le propriétaire ne la réclame pas, et que le locataire continue à en jouir, ce silence mutuel des parties
donne naissance à un nouveau bail : « Taciturnitate utriusque partis colonus reconduxisse videtur (3). » « Taciturni-
tas voluntatem imitatur (4) ; » « et hujusmodi contractus
neque verba, neque scripturam desiderant, sed nudo con-
sensu convalescunt (5). »

Ce second louage aura le même prix et les mêmes gages
que le premier ; mais il ne sera pas censé fait pour le même
temps ni garanti par les mêmes fidéjusseurs. « Tacite rem
reconduxisse videtur (6) eisdem pensionibus et pignori-
bus (7), sed non eisdem fidejussoribus (8) nec in idem
tempus. »

Il n'y a qu'un consentement exprès des fidéjusseurs de
l'ancien bail qui puisse les rendre cautions du nouveau (9).

Remarquons même que la tacite réconduction ne profite
des gages du bail exprès que dans le cas où ils appartiennent
au locataire.

S'ils étaient la propriété d'un autre, il faudrait la volonté

(1) C. 4, 65, 25.
(2) Ib. 34.
(3) D. 19, 2, 13, § 11.
(4) Cujas, 7, 625, C.
(5) D. 19, 2, 14.
(6) Colonus vel inquilinus.
(7) C. 4, 65, 16. — D. 19, 2, 13, § 11.
(8) Cujas, 9, 378, C.
(9) D. 19, 2, 13, § 11.

de ce tiers pour les faire entrer dans la tacite réconduction (1).

Cette tacite réconduction est réputée faite pour un an , si elle s'applique à des biens ruraux, et pour autant de temps que le locataire aura continué de jouir de l'habitation , s'il s'agit de fonds urbains (2).

Ce droit qu'a le propriétaire de se faire restituer la chose, quand le bail est expiré , lui appartient aussi quand le bail est résolu.

Or les causes de résolution du bail sont : l'abus de jouissance, et le défaut de payement des loyers pendant deux ans continus (3).

Ces deux causes sont communes aux louages des maisons et des fonds de terre.

Il faut en dire autant de la lésion d'outre moitié.

C'est une cause de lésion aussi certaine dans le louage que dans la vente (4), quelque aléatoires que soient pour le preneur les fruits de la chose. Il lui est sans doute permis de louer pour moins ce qui vaut davantage , et de circonvenir ainsi l'autre partie; mais ce dol ne sera toléré par la loi que si les loyers convenus ne sont pas inférieurs à la moitié des loyers véritables : « Ea fraus toleratur, modo non sit fraus immodica, quæ scilicet excedat modum, ita jure definitum ut ne locator fraudetur supra dimidium justæ mercedis... Non tantum dolus, sed etiam fraus immodica et intolerabilis a contractu honæ fidei abesse debet (5). »

(1) D. 19, 2, 13, § 11.
(2) Ib.
(3) C. 4. 65, 3.—D. 19, 2, 51, § 1, et 56.
(4) D. 19, 2, 22, § 3, et 23.—C. 4, 44, 2, combiné avec *Inst. Just.*, 3, 24 pr.
(5) Cujas, 5, 512, C.

Il y avait encore une quatrième cause de résolution, mais elle était toute spéciale aux fonds urbains. Le propriétaire d'une maison avait le droit d'en faire résilier la location, lorsqu'il prouvait qu'elle était nécessaire à son usage personnel. Il était considéré comme n'ayant consenti au contrat que sous la condition que ses effets cesseraient du moment où il aurait lui-même besoin de la chose.

C'est cette cause de résolution qui a rendu si célèbre la loi * Æde*, qui l'établit (1).

Il est bien certain qu'elle était contraire aux véritables principes : elle permettait à l'une des parties d'arranger les choses de manière à faire cesser, malgré la volonté de l'autre, un contrat qui cependant était leur œuvre commune. Avec une pareille faculté pour le bailleur, le preneur n'était jamais sûr de voir sa jouissance se prolonger jusqu'au terme promis. N'était-ce pas violer ce principe de réciprocité, d'égalité de droits entre les parties qu'on aime à rencontrer dans un contrat synallagmatique? Ajoutons qu'elle avait le grave inconvénient d'être essentiellement litigieuse. Aussi ne devrons-nous pas nous étonner que notre Code Napoléon ne lui ait fait l'honneur d'une disposition spéciale que pour en proclamer l'abolition (2). Elle ne sera plus sous-entendue dans les contrats de louage, la loi l'a détruite; mais il est permis aux parties contractantes de la faire revivre par une clause expresse (3).

Le propriétaire a la faculté de reconstruire sa maison même pendant le bail (4). Il a l'interdit *uti possedilis* pour

(1) C. 4, 65, 3.
(2) Art. 1761 C. N.
(3) Art. 1762 C. N.
(4) C. 4, 65, 3.

faire vider les lieux au locataire qui s'y refuserait sous prétexte que ce serait interrompre sa jouissance (1). Cette faculté exercée n'opère pas la résolution du louage, elle interrompt seulement son exécution. La maison rebâtie, il est permis au locataire de venir l'habiter à nouveau, car il n'existe plus d'obstacle à sa jouissance.

Ce n'est pas toujours ce qu'il a reçu du bailleur que le preneur est obligé de lui restituer. Si la garniture d'un fonds lui a été livrée sur estimation, cette estimation l'en a rendu propriétaire. Ce qu'il devra fournir à la fin du bail, ce ne sera pas cette garniture, mais le prix qu'elle a été évaluée (2).

La chose doit être restituée non détériorée par la faute du locataire (3).

§ III. — *Dommages-intérêts dus au locateur. — Responsabilité du locataire.*

Le louage est un contrat synallagmatique, intéressé de part et d'autre; le locataire y est donc responsable nonseulement de son dol, mais encore de sa faute : « Ubi utriusque utilitas vertitur, ut in empto, ut in locato, etc..., et dolus et culpa præstatur (4). »

Il est d'abord évident qu'il est tenu de sa faute lourde; elle doit être assimilée au dol : « Magna culpa dolus est (5). »

(1) D. 43, 17, 3, § 3.
(2) D. 19, 2, 3, et 54, § 2.
(3) *Ib.* 11, § 2.
(4) D. 13, 6, 5, § 2. — *Ib.* 50, 17, 23.
(5) D. 50, 16, 226.

Il ne pourrait même pas être déclaré irresponsable de son dol ou de cette faute, qui se confond, pour ainsi dire, avec le dol : « Hoc non valere, si convenerit, ne dolus præstetur ; hoc enim bonæ fidei judicio contrarium est (1). »

Mais ne sera-t-il tenu, en outre, de n'apporter que les soins qu'il donne habituellement à ses propres affaires? C'est l'obligation du dépositaire (2), d'un débiteur, qui ne retire aucune utilité du contrat qui l'oblige. Mais le loca- taire profite du contrat de louage; il doit donc être tenu à une responsabilité encore plus étroite. Non-seulement il doit soigner la chose comme la sienne propre, mais il lui doit encore tous les soins d'un bon père de famille. Il n'y a pas à distinguer à son égard entre la faute légère ap- préciée *in concreto*, et la faute légère appréciée *in abstracto*. Il est tenu de toutes espèces de fautes. Il ne sera exempt de faute que s'il a fait tout ce que le propriétaire le plus di- ligent eût fait lui-même : « Culpa autem abest , si omnia facta sunt, quæ diligentissimus quisque observaturus fuisset (3). »

Il ne doit laisser personne détériorer la chose; à plus forte raison ne doit-il pas la détériorer lui-même (4) : « Quæcumque hæc erit culpa, sive in faciendo, sive in negligendo, nihilominus tenetur (5). »

Si c'est un fonds de terre qu'il a pris à ferme, il doit lui donner chaque façon en son temps (6).

(1) D. 50, 17, 23.
(2) D. 16, 3, 32.
(3) D. 19, 2, 25, § 7.
(4) *Ib.* 11, § 2.
(5) Doneau, 7, 415, 5.
(6) D. 19, 2, 25, § 3.

Il est même tenu de la faute de ses esclaves et de ceux qu'il a amenés dans le fonds; leur faute l'oblige personnellement vis-à-vis de son bailleur, comme s'il s'en était lui-même rendu coupable. Il faut cependant faire observer que la responsabilité du locataire cesserait, s'il n'avait pas commis de faute dans le choix de ces personnes (1).

La force majeure, qui fait périr ou diminue la chose, n'engage pas sa responsabilité : il n'a pu y résister; elle ne saurait lui être imputable : « In judicio locati dolum et custodiam, non etiam casum, cui resisti non potest, venire constat (2). » « Quæque sine culpa accidunt, rapinæ, tumultus, incendia, aquarum magnitudines, impetus prædonum, a nullo præstantur (3). »

Cependant, si le cas fortuit n'a fait périr la chose que parce qu'il a été précédé de la faute du locataire, celui-ci en doit compte au bailleur : ainsi le colon serre du foin dans la villa du maître, et le contraire avait été convenu; un esclave ou même un étranger y met le feu; le foin a été la nourriture de l'incendie, qui a dévoré la villa : le locataire doit compte de ce cas fortuit (4) : « Conductor enim omnia secundum legem conductionis facere debebat (5). »

Il pourrait même être convenu que le locataire sera tenu des cas fortuits ou de force majeure (6).

On le voit, la convention des parties peut rendre la responsabilité du locataire plus lourde ; elle pourrait aussi la

(1) *Ib.* 11 pr.
(2) C. 4, 65, 28.
(3) D. 50, 17, 23.
(4) D. 19, 2, 11, § 4.—*Ib.* 12.—*Ib.* 11, § 1.—*Ib.* l. 25, § 4.
(5) D. 19, 2, 25, § 3.
(6) *Ib.* 9, § 2.

rendre plus légère : « Dolum et culpam recipit.... locatum....
sed hæc ita, nisi si quid nominatim convenit, vel plus, vel
minus,.... nam hoc servabitur, quod initio convenit : legem
enim contractus dedit : excepto eo, quod Celsus putat, non
valere, si convenerit, ne dolus præstetur : hoc enim bonæ
fidei judicio contrarium est : et ita utimur (1). »

Si la chose a péri par la faute du preneur, ou par un cas
fortuit dont il a accepté les risques, il doit en payer le prix
au propriétaire, « quanti ca res est (2). »

L'estimation est faite par le juge (3).

Si, au lieu d'avoir péri, elle se trouve détériorée, il doit ce
qu'elle vaut de moins. C'est le juge qui, dans ce cas encore,
fixe l'indemnité.

Si la perte ou la détérioration a pour cause le dol du
locataire, c'est le bailleur lui-même qui indique, sur son
serment, le dommage qu'il a éprouvé et la réparation qui
lui est due (4). Ce n'est pas à dire que par là l'une des parties soit abandonnée à la merci de l'autre : outre qu'elle
était protégée par la religion du serment, il était libre au
juge de déterminer à l'avance un chiffre que ne pourrait pas
dépasser l'appréciation du demandeur (5). Il y avait plus :
cette appréciation même ne liait pas le juge ; la condamnation par lui prononcée pouvait être inférieure (6).

Lorsqu'un cas fortuit fait périr la chose, le locataire, s'il
ne s'est pas chargé des cas fortuits, est libéré de l'obligation

(1) *Ib.* 50, 17, 23.
(2) Pothier, *Pandectes*, t. 19, liv. ti.
(3) D. 12, 3, 5, § 3.
(4) D. 12, 3, 5 pr., et § 3.
(5) *Ib.* 5, § 1.
(6) *Ib.* 5, § 2.

de la restituer et d'en payer le prix : « Interitu rei certæ debitor liberatur.—Res perit domino. »

Au preneur incombe la preuve du cas fortuit qui le libère. Mais, cette preuve faite, c'est au bailleur à établir que ce cas fortuit a été précédé de la faute du locataire. Par exemple, l'incendie d'une maison constaté, c'est au propriétaire à démontrer qu'il est dû à la faute de celui à qui il l'avait louée (1).

Il existe une hypothèse où le cas fortuit serait à la charge du preneur : supposez, en effet, que ce qui sert à l'exploitation d'un fonds qu'il a pris à loyer lui ait été laissé sur estimation ; si l'instrumentum de ce fonds a été détruit par cas fortuit, il n'en devrait pas moins au bailleur le prix fixé (2). C'est que l'estimation l'en avait rendu propriétaire.

(1) D. 50, 17, 23.—D. 19, 2, 11, §§ 1 et 4.—*Ib.* 12.—*Contra* art. 1733 C. N.

(2) D. 19, 2, 3, et 54, § 2.

CHAPITRE II.

DE L'ACTION SERVIENNE OU QUASI-SERVIENNE ET DE L'INTERDIT SALVIEN.

———

Les bailleurs, pour se mettre à l'abri de l'insolvabilité des locataires, avaient imaginé de se faire consentir des gages, sûreté réelle offrant plus de garantie que la personne des débiteurs (1).

Ces gages tacites donnaient aux bailleurs, en leur qualité de créanciers-gagistes, le droit de faire vendre la chose, le droit d'en être payé sur le prix, de préférence aux autres créanciers, et, comme garantie des droits qui précèdent, le droit de suite contre les tiers détenteurs.

Ces conventions de gages, peu gênantes pour un locataire de bonne foi, obtinrent tant de faveur, qu'elles devinrent ordinaires dans les locations et finirent par passer dans l'usage. De l'usage elles passèrent dans la loi, qui les réputa faites, alors même que les parties n'en avaient pas spécialement manifesté l'intention (2) : « Quod vulgo fieri solet, sæpe abit in legem, et habetur pro facto, vel pro dicto, etiamsi dictum non sit (3). »

(1) D. 50, 17, 25.
(2) D. 20, 1, 4 pr. et 7 pr.
(3) Cujas, 5, 47, E.

C'est à ces gages tacites des bailleurs que se rattachent principalement l'action servienne ou quasi-servienne et l'interdit salvien.

Ce chapitre deuxième sera divisé en deux sections :

La première sera consacrée à l'action servienne ou quasi-servienne ;

La seconde, à l'interdit salvien.

SECTION PREMIÈRE.

DES ACTIONS SERVIENNE ET QUASI-SERVIENNE.

Ces actions se donnent contre tout possesseur des gages ,. car elles sont *in rem* (1). Que ce possesseur soit de bonne ou de mauvaise foi, qu'il possède sans titre ou bien qu'il possède à titre de vente, de donation, de legs, en vertu d'un titre quelconque, peu importe : « Debitor dominium cum sua causa transtulit ad emptorem (2) ; » qu'il ait même usucapé la chose, peu importe encore : « Persecutio pignoris usucapione rei non perimitur (3). »

Toutefois il ne pourrait plus être inquiété, s'il était protégé par une prescription de long temps, ou bien si le débiteur lui avait vendu la chose ou la lui avait livrée en vertu de toute autre juste cause, du consentement du bailleur (4).

L'action servienne serait encore impuissante à enlever la

(1) C. 8, 14, 18.—D. 20, 1, 17.
(2) C. 8, 28, 12.—*Ib.* 14, 15.
(3) D. 41, 3, 14, § 5.—*Ib.* 20, 1, 1, § 2.—C. 8, 14, 7.
(4) C. 4, 10, 14.—C. 7, 36, 1.—C. 8, 28, 12.

chose à un créancier gagiste antérieur et à celui qui l'aurait achetée de ce dernier (1).

Mais, ces cas exceptés, le possesseur attaqué par cette action doit ou restituer la chose, ou payer la dette à l'acquittement de laquelle elle est affectée (2). S'il refuse de faire cette option, et si c'est par son dol qu'il a cessé de posséder la chose, le montant de la condamnation à prononcer contre lui est fixé d'après le serment du bailleur.

Le montant de la condamnation pourrait être supérieur à la dette, à moins qu'elle ne fût portée contre le débiteur qui ne restitue pas le gage (3).

L'acquéreur qui opte pour la restitution du gage est-il obligé de restituer également les fruits qu'il a perçus?

Pour répondre à cette question, il faut prévoir plusieurs hypothèses.

Les fruits ont-ils été spécialement frappés de gage? l'acquéreur en doit compte, s'ils existent encore ou s'il les a consommés de mauvaise foi (4). On donnera, dans ce cas, au bailleur une action servienne utile.

Ont-ils été consommés de bonne foi? ils ne l'obligent à aucune prestation : « Consumptione bonæ fidei eos irrevocabiliter suos fecit (5). »

Si la convention de gage est muette relativement aux fruits, l'acquéreur n'est pas tenu de restituer ceux qu'il a perçus, car ils n'ont jamais été frappés de gage, n'ayant jamais fait partie des biens du débiteur (6). Voilà le droit

(1) D. 20, 4, 12, § 7.
(2) D. 20, 1, 16, § 3.—D. 20, 6, 12, § 1.
(3) D. 20, 1, 21, § 3.
(4) D. 20, 1, 1, § 2.
(5) Pothier, *Pandectes*, liv. xx, tit. 1, sect. 4.—D. 20, 1, 1, § 2.
(6) D. 20, 1, 29, § 1.

dans toute la pureté de ses principes. Mais on y avait apporté une modification en décidant que, même dans le cas où la convention de gage garderait le silence relativement aux fruits, l'acquéreur n'en devrait pas moins restituer, *arbitrio judicis*, ceux qu'il aurait perçus, s'ils existaient encore, et si la chose principale était insuffisante pour payer la dette (1).

Si les fruits sont perçus par le débiteur propriétaire du gage, ces fruits se trouvent obligés, comme la chose principale, au payement des loyers, alors même qu'ils n'y auraient pas été affectés par une convention expresse des parties (2).

Le bailleur, pour triompher dans l'action servienne ou quasi-servienne, doit prouver : 1° que la chose lui a été engagée ou hypothéquée; 2° qu'elle appartenait au débiteur au moment de la convention de gage ou d'hypothèque (3), ou tout au moins qu'elle était dans ses biens (4).

Nous avons vu que, si la chose principale ne suffisait pas pour acquitter l'obligation, les fruits qui avaient été perçus par le tiers acquéreur de cette chose, et qui existaient encore, pouvaient être affectés par le juge à l'acquittement de la dette. Dans ce cas, il suffira au bailleur de prouver que ces fruits sont nés de la chose qui lui a été valablement obligée.

Quel est le résultat de l'action hypothécaire? On l'exerce surtout pour être payé. Aussi il y a faculté pour le tiers détenteur, afin d'écarter l'action, de payer la créance.

(1) *Ib.* 16, § 4.
(2) *Ib.* 20, § 1.—C. 8, 25, 1.
(3) D. 22, 3, 23.
(4) *Ib.* 20, 1, 3 pr.

(D. 20, 1, 16, § 3; — *ib.* 6, 12, § 1.) Le créancier hypothécaire dira : Délaissez, si mieux vous n'aimez payer. Ce n'est
pas ainsi que l'on devrait conclure d'après le Code Napoléon, où l'obligation du détenteur est seulement de délaisser
l'immeuble. Le payement n'est pour lui que *in facultate
solutionis.*

Ces actions servienne et quasi-servienne se trouvent
détruites :

1° Par la remise du gage;

2° Par la prescription de long temps;

3° Par une novation volontaire;

4° Par le payement de la dette, ou la vente du gage faite
par le bailleur (1).

Nous allons maintenant parler spécialement de l'action
servienne dans un paragraphe, et de la quasi-servienne
dans un autre.

§ Ier. — *De l'action servienne.*

Cette action est due à un certain Servius, qui lui a donné
son nom, et qu'il ne faut pas confondre avec Servius Sul-
pitius, contemporain de Cicéron (2).

Elle a pour but la poursuite des choses qui ont été affectées, soit expressément, soit tacitement, au payement des
loyers d'un fonds rural (3). Elle permet de suivre ces objets
entre les mains des tiers, de les leur revendiquer.

(1) C. 4, 10, 14.—D. 20, 1, 13, § 4.—C. 8, 28, 18.
(2) Pothier, *Pandectes*, liv. xx, t. 1, sect. 4.
(3) *Inst. Just.* 4, 6, 7.

Bien qu'elle se distingue de l'interdit salvien, elle s'applique cependant aux mêmes choses (1).

Elle appartient au bailleur d'un fonds de terre.

Il est à remarquer que le gage tacite de ce bailleur comprend seulement les fruits que produit le fonds (2); il ne s'applique pas aux choses qui y sont amenées, apportées par le fermier. Ces choses ne garantissent les loyers que si la volonté expresse des parties leur a donné cette destination (3).

Si le locataire vient à sous-louer la chose, le gage du propriétaire sur les fruits n'en reçoit aucune atteinte : « Fructus in eadem causa pignoris manent (4). » Le sous-locataire les récoltant, c'est comme si le locataire principal les percevait lui-même (5). Le seul effet de la sous-location sera de donner à ce dernier un droit de gage, qui s'exercera après celui du propriétaire.

S'il s'était fait consentir un gage sur les choses introduites dans le fonds par le second fermier, le propriétaire n'y aurait aucun droit (6). Il en serait de même des fidéjusseurs qu'il se serait fait donner (7).

§·II. — *De l'action quasi-servienne.*

La servienne protégeait seulement les gages des bailleurs de fonds ruraux.

(1) *Ib.* combiné avec *ib.* 15, § 3, *in fine.*
(2) D. 20, 1, 7 pr.
(3) *Ib.* 4 pr.—C. 4, 65, 5.
(4) D. 19, 2, 53.
(5) *Ib.* 24, § 1.
(6) *Ib.*
(7) D. 19, 2, 53.

La quasi-servienne n'est que cette action étendue aux autres cas de gages, et c'est en sa qualité de créancier-gagiste que le locateur de maison peut l'intenter.

Le gage tacite de ce locateur embrasse les choses qui ont été amenées, apportées dans les fonds urbains (1) par le locataire, non pas toutes, mais seulement celles qui l'ont été pour y être placées, pour y demeurer, « ut ibi sint (2). »

Quant aux choses apportées, amenées par un sous-locataire, elles sont également frappées d'un droit de gage au profit et du sous-locateur et du propriétaire. Au profit du sous-locateur, ce gage tacite existe jusqu'à concurrence des obligations envers lui contractées par le sous-locataire. C'est aussi dans cette proportion qu'il garantit les obligations du propriétaire contre le locataire principal (3). Le propriétaire n'acquiert pas ce gage par son locataire, il ne le peut pas. Il est présumé de plein droit être intervenu en personne dans la sous-location, et l'avoir obtenu lui-même du sous-locataire, qui est censé y avoir consenti jusqu'au prorata des loyers qu'il s'est obligé à payer à celui de qui il tient la chose. Ainsi se trouve sauvegardée l'inviolabilité de ce principe qu'une obligation de gage (4), pas plus que toute autre obligation, ne peut nous être acquise par une personne libre, par une personne qui n'est pas en notre pouvoir, c'est-à-dire une personne étrangère : « Per extraneam personam nihil adquiri potest (5). »

(1) D. 20, 2, 1 pr.
(2) *Ib.* 7, § 1.
(3) D, 13, 7, 11, § 5.
(4) *Ib.*, § 6.
(5) *Inst. Just.* 2, 9, § 5.

Si je n'ai sous-loué qu'une partie de la maison, les choses que j'y apporterai ne seront affectées au payement des loyers dus au propriétaire que pour le montant du prix que j'ai promis à mon bailleur; car il n'est pas croyable que j'aie voulu les engager au delà (1).

Le gage tacite des locateurs de fonds urbains garantit non-seulement les loyers, mais encore les indemnités que leur doit le locataire, si par sa faute il a détérioré les habitations (2).

SECTION II.

DE L'INTERDIT SALVIEN.

C'est un interdit pour acquérir la possession (3).

Il est donné au bailleur d'un fonds rural pour appréhender les choses engagées par le colon, soit expressément, soit tacitement, au payement des fermages (4).

Il s'applique aux mêmes choses que l'action servienne (5), mais il en diffère sous plusieurs rapports.

Le salvien ne peut être exercé que contre le fermier (6), les interdits n'ayant qu'un effet personnel (7).

La servienne, au contraire, peut l'être contre tout tiers possesseur des gages; car c'est une action *in rem*; elle ne

(1) D. 13, 7, 11, § 5.
(2) D. 20, 2, 2.
(3) *Inst. Just.* 4, 15, § 3, *in fine*.
(4) *Ib.*
(5) *Ib.* combiné avec *ib.* 6, § 7.
(6) C. 8, 9, 1.
(7) D. 43, 1, 1, § 3.

s'attaque pas à la personne du débiteur, mais au gage, qu'elle suit en quelques mains qu'il passe (1).

Cette première différence disparut par l'introduction d'un interdit salvien utile, se donnant contre tout tiers possesseur (2).

Pour réussir dans l'interdit salvien, il suffit de prouver que la chose a été apportée dans le fonds, et que le débiteur l'a possédée. Le salvien ne touche qu'à la possession du gage ; c'est une voie possessoire ; il donne à celui qui l'obtient le rôle de défendeur dans l'action servienne.

Dans l'action servienne, il faut prouver que la chose appartenait au débiteur au moment de la convention de gage (3). La servienne touche au fond du droit même : c'est une voie pétitoire.

Dans celle-ci, ce qui est soulevé ; c'est une question de propriété. La possession est insuffisante pour donner gain de cause.

Dans celui-là, ce n'est qu'une question de possession qui soit débattue, et c'est le possesseur qui triomphe (4).

A côté de l'action servienne se trouvait l'action quasi-servienne ; se trouvait-il de même un interdit quasi-salvien à côté du salvien ? Ce nom d'interdit quasi-salvien ne se voit dans aucun texte ; cependant l'interdit salvien, qui, dans l'origine, n'avait été accordé qu'aux locateurs de fonds ruraux, paraît avoir été dans la suite accordé aux autres créanciers gagistes (5).

(1) C. 8, 14, 18.—C. 1, 10, 14.
(2) D. 43, 33, 1 pr., et § 1.
(3) D. 22, 3, 23.
(4) D. 43, 33, 2.
(5) *Inst. Just.* 4, 15, § 3, *in fine*, et D. 43, 33, 1.—C. 8, 9, 1.

CHAPITRE III.

DIFFÉRENCES QUI EXISTENT ENTRE L'ACTION *locati* ET L'ACTION SERVIENNE OU QUASI-SERVIENNE.

L'action *locati* et l'action servienne (1) concourent toutes les deux à l'exécution des obligations du locataire, mais chacune avec son utilité spéciale.

L'une, prenant sa source dans un contrat, appartient à la classe des actions personnelles (2) ; elle est dite *in perso-nam*, c'est-à-dire qu'elle n'oblige que la personne du locataire ou son héritier ; elle n'oblige pas ses biens, et elle est impuissante à les suivre entre les mains des tiers acqué-reurs.

L'autre naît d'un pacte exprès ou sous-entendu entre les parties. Elle laisse de côté la personne du débiteur pour s'attacher à ses biens, et elle sert à les revendiquer partout où ils se trouvent. C'est une action *in rem*, destinée à mettre en mouvement ce droit de suite qui appartient au bailleur, comme créancier-gagiste, contre les tiers possesseurs des gages.

L'action *locati* est conforme aux règles du droit civil ;

---

(1) Ce que l'on dira de la servienne s'applique également à la quasi-ser-vienne.

(2) *Inst. Just.* 4, 6, § 1.

elle a son origine dans un contrat ; elle devait donc être une action *in personam*.

L'action servienne vient d'un pacte, c'est-à-dire d'une convention qui d'ordinaire ne produit même pas d'action; et de plus c'est une action *in rem*. Elle constitue un droit exorbitant au premier chef.

Aussi est-elle de création prétorienne (1).

L'action *locati* est une action de bonne foi (2). La servienne est une action arbitraire (3).

(1) *Inst. Just.* 4, 6, § 7.
(2) *Ib.* § 28.
(3) *Ib.* § 31.

CHAPITRE IV.

DROITS DU BAILLEUR D'UN FONDS RURAL COMPARÉS AUX DROITS DU BAILLEUR D'UN FONDS URBAIN.

————

Ces deux bailleurs ont l'un et l'autre une action *locati* et une action hypothécaire, et ils ont ordinairement les mêmes droits.

Cependant ils ne sont pas toujours gouvernés par les mêmes principes.

C'est ainsi que la tacite réconduction d'un fonds de terre est réputée faite pour une année, tandis que celle des fonds urbains l'est pour autant de temps que le locataire les aura habités : « Prout quisque habitaverit, ita et obligetur (1). »

C'est surtout par rapport aux gages que les différences entre ces deux bailleurs sont remarquables. Le bailleur d'un fonds de terre n'a de gage tacite que sur les fruits produits par ce fonds ; il n'en a pas sur les choses qui y sont apportées par le fermier, à moins de convention formelle (2).

Le gage tacite du bailleur d'une maison porte au contraire sur les choses qui y sont amenées, apportées par le locataire (3).

L'origine de ces deux gages tacites explique cette diffé-

(1) D. 19, 2, 13, § 11.
(2) D. 20, 2, 7 et 4 pr.
(3) *Ib.* 4 pr.

rence. Avant que la loi n'eût déclaré qu'ils existeraient de plein droit, ils résultaient de la convention des parties. Or les propriétaires de fonds ruraux avaient l'habitude de n'en exiger que sur les fruits de la chose, qu'ils trouvaient suffisants pour répondre des obligations du preneur. Quant aux propriétaires de maisons, ils ne pouvaient pas en exiger sur les fruits de fonds improductifs de leur nature ; ils étaient dans l'usage de s'en faire consentir sur les choses amenées, apportées par le locataire dans les fonds urbains. La loi adopta ces deux gages tels que les parties les avaient faits. La seule modification qu'elle y apporta, ce fut de les sous-entendre dans les louages où ils ne se trouveraient pas formulés.

Les choses du sous-locataire d'un fonds rural spécialement affectées au payement des fermages dus au colon principal, ne sont pas réputées l'être au payement des loyers dus au propriétaire (1).

Il en est autrement des choses que le sous-locataire d'une maison y a amenées ou apportées ; elles sont considérées comme étant obligées au propriétaire dans la proportion qu'elles le sont à son locataire (2).

Le privilége qu'a le locateur de faire résilier le louage de sa maison pour venir l'habiter, s'il prouve qu'elle est nécessaire à ses besoins personnels, ne peut être invoqué par le bailleur d'un fonds de terre (3).

(1) D. 19, 2, 24, § 1.
(2) D. 13, 7, 11, § 5.
(3) C. 4, 65, 3.

SECONDE PARTIE.

—

DROIT FRANÇAIS.

—

DES DROITS DES BAILLEURS DE MAISONS OU DE FONDS DE TERRE.

Il existe sur les droits des bailleurs de grandes analogies entre le droit romain, notre législation coutumière, notre ancienne jurisprudence et notre droit civil.

Il y avait des droits qui devaient être identiques, quels que fussent les temps; ce sont ceux qui naissent de la nature même du contrat de louage : obligation de payer les loyers aux termes convenus, ou, à défaut de convention, aux termes d'usage; — obligation de jouir de la chose en bon père de famille; — obligation de la restituer à la fin du bail : voilà des obligations que l'on rencontre dans les pays de droit coutumier comme dans les pays de droit écrit, et qui ont passé dans nos lois actuelles.

La nécessité de garantir les droits des bailleurs est aussi consacrée dans toutes ces législations, et ces garanties, à mesure que le droit se perfectionne, augmentent pour multiplier les louages. En les protégeant contre l'insolvabilité des preneurs, elles rendent les propriétaires plus faciles dans un contrat qui permet à la plupart des hommes de trouver un asile pour leur famille et pour eux-mêmes,

3

et de fonder des établissements utiles d'agriculture, d'industrie et de commerce, sources de la prospérité nationale.

Les droits principaux ou accessoires des bailleurs sont donc généralement les mêmes dans notre ancienne France et dans la France actuelle. Mais, s'il existe des analogies aussi nombreuses que remarquables, il y a aussi d'importantes différences, que nous indiquerons en traitant, dans deux chapitres, des droits des locateurs.

Le premier sera relatif à leurs droits principaux;

Le second, à leurs droits accessoires.

CHAPITRE PREMIER.

DROITS PRINCIPAUX DES LOCATEURS DE MAISONS OU DE FERMES.

———

Il y a de ces droits qui sont communs aux bailleurs de maisons et aux bailleurs à ferme ; il y en a d'autres qui sont spéciaux à chacun d'eux.

SECTION PREMIÈRE.

DROITS COMMUNS AUX BAILLEURS DE MAISONS ET AUX BAILLEURS À FERME.

ARTICLE PREMIER.

Des obligations du preneur.

Les locataires de maisons ou de fermes sont obligés :
1° A payer les loyers (1) ;
2° A jouir de la chose en bon père de famille (2) ;
3° A en user suivant sa destination (3) ;

(1) Art. 1728 C.
(2) Art. 1728 C.
(3) *Ib.*

4° A rendre les lieux en l'état où ils les ont pris (1).

§ Ier. — Payement des loyers.

Les loyers doivent être payés aux termes convenus (2), car les conventions servent de loi à ceux qui les ont faites (3); à défaut de convention, ils doivent l'être aux termes d'usage (4).

Ils doivent l'être dans le lieu désigné par le contrat. Si la convention est muette sur le lieu du payement, le payement doit être fait au domicile du locataire (5).

Les intérêts ne sont pas dus, comme en droit romain, à compter de la demeure du locataire d'acquitter les loyers et fermages, mais seulement, comme le décidait l'ancienne jurisprudence, à compter du jour de la demande (6).

Le non-payement des loyers échus permet aussi au propriétaire de demander la résiliation du bail (7).

D'après l'ordonnance du mois de janvier 1629 (8), les loyers des maisons et prix des baux à ferme ne pouvaient être demandés cinq ans après les baux expirés. Cette disposition avait été adoptée par le parlement de Bretagne (9); elle l'avait été également par le parlement de Paris. Elle a

(1) Art. 1730 et 1731 C.

(2) Art. 1728, *in fine*, C.

(3) Art. 1134 C.

(4) Pothier, *Du louage*, n° 135.

(5) Art. 1247 C.

(6) Pothier, *Du louage*, n° 139. — Acte de notoriété du Châtelet de Paris, du 18 avril 1705.

(7) Art. 1741 C.

(8) Art. 142.

(9) Arrêt du 5 nov. 1666.

été conservée par le Code Napoléon, sous l'empire duquel les loyers des maisons et le prix de ferme des biens ruraux continuent de se prescrire par cinq ans (1).

§ II. — Obligation de jouir de la chose en bon père de famille.

Jouir d'une chose en bon père de famille, c'est en user comme le ferait un propriétaire soigneux et diligent. S'il s'agit, par exemple, d'une métairie, c'est donner aux terres chaque façon en son temps.

C'est parce qu'il devait jouir en bon père de famille que, dans l'ancien droit, on décidait que le fermier ne pouvait marner les terres, si la faculté ne lui en avait pas été concédée par le bail (2), et qu'il devait se conformer aux assolements, et par conséquent ne pas ensemencer les fonds qui devaient rester en guérets, ni semer de froment ceux qui ne devaient recevoir que de l'orge ou de l'avoine (3).

Le locataire, de son côté, doit veiller à la conservation des édifices (4), et avertir le propriétaire des usurpations qui peuvent être commises sur sa chose.

Tous ces devoirs du preneur ne sont que des corollaires de son obligation de jouir en bon père de famille. Ulpien les a formulés, lorsqu'il a dit : « Prospicere debet conduc-
» tor, ne aliquo vel jus rei vel corpus deterius faciat vel
» fieri patiatur (5). »

(1) Art. 2277 C.
(2) Bacquet, *Droit commun de la France*, tom. II, p. 43.
(3) Cottereau, 3463.
(4) L. 25, § 3, *de locat. cond.*
(5) L. 11, § 2, D. *locat. cond.*

§ III. — Obligation d'user de la chose suivant sa destination.

Cette obligation se distingue de celle de jouir de la chose en bon père de famille : car on peut user d'une chose en bon père de famille, bien qu'on en change la destination. Ainsi un propriétaire a une vigne que les gelées rendent chaque année improductive; il l'arrache, et la terre où elle se trouvait est livrée à une autre culture, qui le récompense mieux de ses dépenses et de ses labeurs. Il a changé la destination de la chose, et, en même temps, il a fait un acte de bon père de famille.

Cet acte, le fermier n'aurait pu l'accomplir, puisque, n'ayant qu'un droit de jouissance, il n'a pas le droit de changer la destination du fonds qui lui est loué.

Réciproquement, le preneur pourrait conserver à la chose sa destination, tout en manquant au devoir d'en user en bon père de famille. Ainsi il ne donne pas à la vigne qui se trouve comprise dans sa ferme toutes les façons qui lui sont nécessaires et qui sont d'usage. Il est clair que, dans ce cas, il mésuse de la chose, tout en respectant sa destination.

La destination que doit recevoir la chose louée est celle qui lui a été donnée par le bail, et, à défaut de convention, celle qui est indiquée par les circonstances. L'état des lieux, l'usage auquel la chose servait précédemment, la profession sous laquelle le locataire s'est présenté, seront autant de circonstances qui viendront révéler sur ce point la commune intention des parties.

Le preneur a-t-il employé la chose à un usage autre que celui auquel elle a été destinée, c'est-à-dire a-t-il violé l'obligation d'user de la chose suivant sa destination? le bailleur peut, suivant les circonstances, faire résilier le bail (1). Les magistrats apprécieront si le changement est assez grave pour entraîner la résolution du contrat. Le locataire n'est pas tellement lié par la destination de la chose qu'il ne puisse y faire quelques changements. Que d'une chambre il en fasse deux, qu'il supprime une alcôve qui le gêne, voilà de ces modifications dont le propriétaire aurait tort de se plaindre, pourvu qu'à sa sortie le locataire en fasse disparaître les traces.

Le preneur, tout en laissant à la chose sa destination, en a-t-il fait un usage préjudiciable au bailleur, c'est-à-dire n'en a-t-il pas joui en bon père de famille? le propriétaire peut également, suivant les circonstances, si l'abus de jouissance en vaut la peine, faire résilier le bail (2).

§ IV. — Obligation de rendre les lieux dans l'état où ils ont été reçus.

Le preneur doit rendre soit les maisons, soit les fonds de terre, dans l'état où il les a pris.

S'il a été fait un état des lieux contradictoirement avec le bailleur, il doit rendre la chose telle qu'il l'a reçue suivant cet état (3).

N'en a-t-il pas été fait? il est présumé les avoir reçus en bon état de réparations locatives, et il doit les rendre tels (4). La loi ne pouvait admettre une autre présomption. Comment, en effet, supposer que le locataire eût accepté la

(1) Art. 1129 C.
(2) Art. 1729 C.
(3) Art. 1730 C.
(4) Art. 1731 C.

délivrance, si les lieux ne s'étaient pas trouvés en bon état à cet égard? Ne savait-il pas que si les réparations locatives sont à la charge du propriétaire à l'entrée du preneur, elles doivent être supportées par ce dernier à sa sortie?

Mais ce n'est pas là une présomption *juris* et *de jure*, c'est une présomption *juris tantum*. Elle peut être détruite par la preuve contraire (1).

Comme il s'agit d'un fait, et non d'une convention, la preuve pourrait être fournie par témoins, alors même que l'intérêt en litige excéderait cent cinquante francs.

Cette présomption n'existe contre le locataire que pour les réparations locatives; on ne pourrait l'étendre aux grosses réparations.

C'est au propriétaire à prouver que les lieux ont été délivrés en bon état sous ce rapport. Mais, cette preuve administrée, c'est au locataire à établir que les dégradations ou les pertes survenues pendant sa jouissance ont eu lieu sans sa faute (2). Sans cette preuve, ces dégradations et ces pertes protestent, par cela seul qu'elles existent, contre sa prétention d'avoir joui de la chose en bon père de famille, et elles sont censées être de son fait.

Le locataire est tenu non-seulement de sa faute, mais encore de la faute de ses domestiques et de ses sous-locataires, quelque précaution qu'il ait apportée dans le choix de ces personnes (3). Les lois romaines ne l'obligeaient pas à une responsabilité aussi étroite. Suivant ces lois, les fautes de ceux que le locataire recevait dans sa maison ne lui

---

(1) Art. 1731 C.

(2) Art. 1732 C.

(3) Domat, *L. cit.*, liv. 1, tit. 4, sect. 2, 5, à la note.—Pothier, *Du louage*, n° 193.

étaient imputables que s'il était lui-même en faute d'y
avoir introduit des personnes négligentes (1). Le Code Napoléon, imitant l'ancienne jurisprudence, a rejeté cette distinction, trop embarrassante dans la pratique (2). Le locataire est donc, dans tous les cas, responsable de la faute de
ses sous-locataires et des personnes de sa maison, c'est-
à-dire de sa femme, de ses enfants, de ses serviteurs, des
ouvriers qu'il occupe chez lui et de ses pensionnaires (3).

La faute de ces personnes l'oblige directement et personnellement envers le bailleur, comme s'il l'avait lui-même
commise. Il ne pourrait donc pas se soustraire à cette responsabilité en lui abandonnant ses actions contre les auteurs
du dommage (4).

En droit romain, le preneur n'est tenu de l'incendie de
la maison que si ce cas de force majeure a été précédé de
sa faute. Mais ce n'était pas assez protéger les propriétaires
des maisons contre la négligence des locataires, aussi fréquente que difficile à prouver.

Il est certain que l'incendie des édifices arrive le plus
souvent par la faute et négligence de ceux qui les habitent.
C'était la remarque des jurisconsultes romains eux-mêmes :
« Plerumque incendia fiunt culpa inhabitantium (5). » De là
cette règle admise par l'ancienne jurisprudence, que les
locataires sont responsables des incendies des maisons qu'ils
ont à loyer, soit qu'ils les habitent par eux-mêmes, soit
qu'ils aient des sous-locataires, à moins qu'ils ne prouvent
que l'incendie a une cause qui leur est étrangère. Ainsi ils

(1) L. 11 pr., D. locat. cond.
(2) Art. 1735.
(3) Pothier, n° 193.
(4) L. 11 pr., D. locat. cond.
(5) L. 3. § 1, D. de off. praf. vig.

se mettraient à couvert de cette responsabilité, s'ils éta-
blissaient que le feu a été communiqué par une maison
voisine, ou bien que l'incendie résulte d'un vice de construction. Il leur suffit de démontrer que l'incendie est
arrivé autrement que par leur faute (1).

Chez nous, le locataire est grevé de la même responsabilité, mais il n'a pas, pour y échapper, la même latitude
que dans l'ancien droit. Trois moyens lui sont seulement
offerts pour se libérer : 1° le cas fortuit ou de force majeure ; 2° le vice de construction ; 3° la communication du
feu par une maison voisine (2). Il ne serait pas recevable à
prouver que l'incendie est arrivé autrement. Cette sévérité
à son égard a l'avantage de l'obliger à une surveillance plus
active sur les gens de sa maison, sur les voisins et sur les
tiers, et elle peut ainsi contribuer à prévenir ou à arrêter
beaucoup de ces sinistres, qui ne sont que trop fréquents.

Supposez qu'au moment où la maison a été consumée
par le feu, le locataire, qui est insolvable, ait eu chez lui
un hôte auquel ses ressources pécuniaires permettraient
d'indemniser le propriétaire de ce désastre. C'est une
bonne fortune dont le bailleur ne profitera que s'il prouve
que l'incendie a eu lieu par la faute de ce tiers. La présomption de culpabilité établie contre les habitants d'une
maison ne lui est, dans ce cas, d'aucun secours. C'est aux
articles 1382 et 1383 qu'il doit se conformer pour triompher dans sa demande.

Mais cette présomption pourrait être utilement invoquée

(1) Pothier, *Du louage*, n° 194.—Domat, *L. civ.*, liv. 1, tit. 4, sect. 2, 5,
à la note.— Bacquet, *Droit commun de la France*, tom. 11, tit. 4, chap. 3,
sect. 1, § 2; 27.—Ferrière, *Dict. de droit et de pratiq.*, v° *incendie*.
(2) Art. 1733 C.

contre les sous-locataires. Le bailleur agirait alors contre eux, en exerçant les droits de son locataire.

Il y a plus : lorsqu'un incendie se déclare dans une maison où il y a plusieurs locataires indépendants les uns des autres, que l'on n'en connaît pas l'auteur, et qu'il n'est pas prouvé que cet incendie soit le résultat d'une force majeure ou d'un vice de construction, ou du feu communiqué par une maison voisine, tous les locataires sont, vis-à-vis du bailleur, solidairement responsables du sinistre (1).

Dans ce cas, en effet, il y a un point certain : c'est que le propriétaire qui éprouve le dommage a droit à une indemnité ; et, à côté de ce droit, est le fait également admis que l'incendie, ayant commencé dans la maison, est le produit de la faute de l'un des locataires (2); mais on ignore quel il est. La faute plane donc également sur tous, et par conséquent la responsabilité qui en est la suite doit également porter sur tous avec la même intensité.

Cette solidarité qui pèse sur les locataires semble trop rigoureuse ; elle met à leur charge l'insolvabilité de colocataires au choix desquels ils ont été complétement étrangers, et auquel a seul présidé le bailleur ; et elle est contraire à ce principe si équitable, que nul n'est tenu de la faute d'autrui. « Il n'est pas possible, disait la Cour de Lyon, » d'établir une solidarité entre les locataires choisis sans » la participation, et souvent contre le gré les uns des au- » tres, par un propriétaire ou un locataire qui a pu leur » permettre des professions dangereuses, capables de com- » muniquer le feu (3). » Il est vrai que cette solidarité a

(1) Art. 1734 C.
(2) Rapport fait au tribunat par le tribun Mouricault.
(3) Fenet, t. IV, p. 200.

pour avantage d'exiger des locataires une garde plus vigilante relativement aux maisons, ce qui peut rendre les incendies moins fréquents et moins désastreux.

Pothier déclarait même, dans cette hypothèse, les locataires complètement irresponsables, parce qu'étant incertain par la faute duquel le feu avait pris, aucune présomption de faute ne pouvait peser sur chacun en particulier (1).

Si le propriétaire habite lui-même une partie de la maison louée, il ne jouira du bénéfice de l'article 1734 que s'il prouve que l'incendie n'a pas pris chez lui. Autrement, comment pourrait-il exercer contre ses locataires une action en dédommagement uniquement fondée sur une présomption de faute qui existe avec tout autant de force contre lui-même que contre eux ?

Mais, alors même qu'il ferait sa preuve, il ne pourrait étendre la responsabilité de ses locataires à la portion de maison qu'il occupe. Ils ne seront responsables de cette partie que s'il vient à prouver que l'incendie est arrivé par leur faute. Ce n'est pas dans les articles 1733 et 1734 que se trouve la source de son droit, mais dans l'art. 1382.

Si le propriétaire, qui habite une portion de la maison louée, n'établit pas que l'incendie n'a pas commencé chez lui, ce défaut de preuve a pour effet d'empêcher que ses locataires ne soient solidairement responsables de l'incendie. Mais chacun d'eux reste responsable pour la portion qu'il habite. Dans ce cas, en effet, obligés de la conserver et de la restituer, ils ne peuvent se décharger de cette obligation qu'en prouvant qu'ils ne sont pas en faute.

Le propriétaire peut céder à une compagnie d'assurance l'action que lui confère l'article 1734, parce que cet article

(1) Pothier, n° 191.

ne lui attribue qu'un droit purement pécuniaire, droit, par conséquent, transmissible, cessible.

Les locataires, en prouvant que l'incendie n'a pas pu commencer chez eux, ou bien qu'il a pris naissance dans l'habitation de l'un d'eux, cessent d'être solidairement responsables. La solidarité continue de subsister seulement contre ceux qui ne font pas cette preuve.

ARTICLE II.

Des sous-location et cession de bail.

D'après l'ancien droit français, conforme aux lois romaines (1), le locataire d'une maison ou d'une ferme pouvait sous-louer, si la faculté ne lui en avait pas été interdite soit par le bail, soit par la coutume (2).

Cette clause prohibitive de sous-location n'était pas toujours de rigueur. Suivant l'usage du Châtelet de Paris, elle n'empêchait pas le locataire ou fermier de consentir des sous-locations partielles. Le propriétaire, dans ce cas, ne pouvait se plaindre, si le preneur restait en possession d'une partie de l'héritage, quelque petite qu'elle fût, et si les lieux étaient garnis (3).

Il était aussi permis au locataire obligé de quitter la maison par une circonstance imprévue, de présenter un sous-locataire *æque idoneum*. Le bailleur devait ou l'ac-

(1) L. 6, C. local. cond.
(2) Bayonne, tit. 7, art. 11.
(3) Denisart, v° *bail à ferme et à loyer*.

cepter, ou reprendre sa maison, sans pouvoir demander des dommages-intérêts (1).

On avait même admis que la clause prohibitive de sous-location devait avoir seulement pour effet de laisser au propriétaire, quand même le second locataire n'était pas aussi solvable que le premier, l'alternative ou de reconnaître la sous-location, ou de résoudre le bail, sans avoir droit à aucun dédommagement (2). On estimait que c'était assez lui accorder, la sous-location lui étant plus avantageuse que préjudiciable. Elle lui donnait, en effet, un débiteur de plus pour les mêmes obligations, sans décharger le locataire principal de l'obligation de payer les loyers, et de lui tenir compte des détériorations que le sous-locataire pourrait occasionner à la chose.

Le Code Napoléon reconnaît aussi au preneur le droit de sous-louer et de céder son bail, si cette faculté ne lui a pas été interdite; mais il rejette les tempéraments peu juridiques apportés par l'ancien droit à cette prohibition, et, pour ramener les parties à la stricte exécution de leurs engagements, il déclare formellement que la clause prohibitive de cession de bail et de sous-location est toujours de rigueur.

La violation de cette clause serait donc un motif de rési· liation du contrat au gré du bailleur.

Cependant il y a un cas où la sous-location serait permise, alors même que le bail l'interdirait. Voici dans quelle hypothèse : lorsque le bail a date certaine, le propriétaire peut exercer son privilége non-seulement pour les termes échus, mais encore pour les termes à échoir. La loi, désireuse de concilier, autant que possible, tous les intérêts, vient au

(1) Pothier, no 283.
(2) Ferrière, *Dict. de droit et de pratiq.*, v° *cession de bail.*

secours des autres créanciers en leur donnant le droit de relouer la maison ou la ferme pour le reste du bail, et de faire leur profit des baux des fermages, à la condition de payer au propriétaire tout ce qui lui serait encore dû.

Il n'a qu'un seul moyen d'empêcher la relocation : c'est de renoncer à son privilège pour les loyers non échus.

La sous-location se distingue de la cession de bail sous plusieurs rapports.

La sous-location rend le preneur locateur lui-même. C'est un nouveau bail, qui peut n'avoir pas les mêmes clauses que le premier.

La cession, au contraire, n'est pas une location nouvelle, elle n'est que la transmission au cessionnaire des droits et obligations que le bail a fait reposer sur la tête du preneur. Le cédant n'est qu'un vendeur de tout ou partie des droits que lui confère le bail. De ce que la cession n'est pas un louage, il résulte :

1° Que le cédant ne jouit pas, pour le prix de cession, du privilège que l'article 2102, § 1, donne au locateur pour les loyers et fermages ;

2° Que les clauses particulières par lesquelles le bailleur et le preneur auraient dérogé aux règles ordinaires du louage peuvent être opposées au cessionnaire ;

3° Que le cessionnaire ne peut exiger du cédant qu'il lui délivre la chose en bon état de réparation ; il est obligé de la recevoir telle qu'elle était au moment de la cession (1).

La sous-location constituant un nouveau bail, concluons-en :

1° Que tous ses effets entre le sous-locateur et le sous-locataire sont régis par les principes du louage ;

2° Que le prix de sous-location est privilégié ;

_____

(1) Art. 1611 C.

3º Que le sous-locataire peut demander au sous-locateur la délivrance de la chose en bon état de réparations de toutes espèces ;

4º Que les clauses du premier bail par lesquelles il aura été dérogé aux principes généraux sur le louage ne sont pas opposables au sous-locataire, la sous-location formant un second bail distinct et indépendant du premier ;

5º Que le sous-locataire n'a d'action contre le bailleur originaire que dans les limites du sous-bail.

Ces actions ne sont fondées contre le premier bailleur que si elles ont pour but l'exécution d'obligations qu'il aurait consenties dans son bail au locataire principal.

Il faut faire observer que la sous-location et la cession de bail ne peuvent aggraver les obligations du propriétaire, ni diminuer ses droits, lorsqu'il n'y a pas consenti. Ainsi les sous-locataire et cessionnaire doivent jouir de la chose en bon père de famille, sinon le propriétaire peut les expulser par autorité de justice.

Elles laissent intacts les rapports de droit entre le propriétaire et le preneur. Ce dernier reste toujours obligé au payement des loyers.

La sous-location a même pour effet de donner au premier bailleur une action directe contre le sous-locataire. Le propriétaire n'agit pas contre ce dernier comme exerçant les droits de son preneur; il puise son droit dans sa propre personne, en laquelle la loi l'a placé à cause de l'occupation des lieux par le sous-preneur. Il ne sera donc pas obligé de partager au marc le franc, avec les autres créanciers du locataire, ce qu'il obtiendra du sous-locataire. C'était aussi ce que l'on décidait dans l'ancien droit (1).

Mais le sous-locataire n'est tenu envers le propriétaire

(1) Ferrière sur Paris, art. 171, glose 2, nº 22.

que jusqu'à concurrence du prix de sa sous-location, dont il peut être débiteur envers le locataire principal au moment de la saisie.

Les payements anticipés ne sont pas opposables au locateur principal, parce que, comme il n'est pas d'usage de payer d'avance ce que l'on doit, ils sont réputés frauduleux. Mais cette fraude n'est plus à craindre, si les payements anticipés ont été faits soit en vertu du bail, soit conformément à l'usage des lieux.

Maintenant supposons que le sous-locataire ait payé son loyer au locataire principal. Le locataire principal ne remplit pas ses obligations vis-à-vis de son bailleur. Ce dernier peut faire résilier le bail, et il ne sera pas tenu de respecter la sous-location, qui, relativement à lui, est *res inter alios acta*. C'était au sous-locataire à ne pas traiter avec une personne dont le droit était résoluble pour inexécution de ses obligations; et n'est-il pas juste, le sous-locataire n'étant tenu envers le bailleur que dans les limites de la sous-location, que le bailleur ne le soit aussi vis-à-vis du sous-locataire que dans les limites du bail principal?

La défense de sous-louer comprend celle de céder, et réciproquement. Telle a été l'intention du bailleur. Ce qu'il a voulu, c'est que les lieux ne fussent pas occupés par un autre qu'une personne de son choix.

Nous avons vu que le preneur a le droit de sous-louer et même de céder son bail, sauf convention contraire. Mais que décider à l'égard du colon? Il ne peut céder ni sous-louer, ni s'autoriser, pour le faire, de l'absence de toute clause prohibitive (1). Une pareille clause est toujours sous-entendue dans les colonages partiaires, comme elle l'est dans

(1) Cottereau, 3517.

les contrats de société. Le colon partiaire n'est-il pas l'associé de son bailleur? L'un fournit son travail et son industrie, l'autre son fonds de terre : voilà ce qu'ils mettent en commun. Les fruits de la chose, tel est le profit qu'ils conviennent de se partager, Et puis, dans cette sorte de louage, la quotité du loyer est incertaine ; elle varie avec l'habileté et l'activité de celui à qui la chose est confiée. Plus le colon sera laborieux et intelligent, plus les récoltes seront abondantes. Il faut donc reconnaître que la personne du colon n'est pas indifférente au propriétaire; que dans cette espèce de bail, qui tient de la société, elle a été une condition de l'acceptation du contrat par le locateur. C'eût donc été ne tenir aucun compte de l'intention des parties que de permettre au colon de mettre à sa place une autre personne, qui ne conviendra peut-être pas au propriétaire, qui pourra n'avoir ni l'aptitude ni la probité de celle que le bailleur s'est choisie, et qui sont les qualités qui la lui auront fait agréer. Le colon partiaire ne devait donc pas pouvoir ni sous-louer ni céder. C'est ce que décide le Code Napoléon (1).

Cette prohibition ne repose que sur un intérêt privé. Le bailleur peut donc y renoncer : *Unusquisque juri pro se introducto renuntiare potest.*

Mais, à défaut de renonciation, le colon partiaire ne peut ni sous-louer ni céder.

En cas de contravention, le propriétaire a droit de rentrer en jouissance, et le preneur est condamné aux dommages-intérêts résultant de l'inexécution du bail (2).

(1) Art. 1103 C.
(2) Art. 1764 C.

ARTICLE III.

*Comment le bail prend fin au profit des bailleurs. — Congés.
— Tacite réconduction.*

Les causes d'extinction ou de résolution du louage qui
peuvent être invoquées par les bailleurs à loyer et les bailleurs à ferme sont :

1° Le défaut du preneur de remplir ses engagements (1) ;
2° Le congé (2) ;
3° L'expiration du terme (3).

Il est évident qu'il suffit que le preneur manque à ses engagements pour que le bailleur puisse demander la résiliation du contrat. Ainsi, que le preneur ne jouisse pas de la
chose en bon père de famille ; — qu'il n'en use pas suivant
sa destination ; — ou bien qu'il ne paye pas les loyers ou
fermages aux termes convenus, ce sont là autant de causes
particulières qui rentrent dans cette cause générale : défaut du preneur de remplir ses engagements.

Cette cause n'entraîne pas la résolution du bail de plein
droit. La résolution doit être demandée en justice. Le propriétaire a le choix ou de contraindre l'autre partie à l'exécution du louage, ou d'en demander la résolution avec
dommages-intérêts. Comme cette résolution pourrait être
quelquefois trop rigoureuse, les juges peuvent, selon les

(1) Art. 1741.
(2) Art. 1736.
(3) Art. 1737.

circonstances, accorder un délai au preneur pour satisfaire à ses obligations.

Mais combien le non-payement doit-il avoir duré pour que le locataire puisse être expulsé? Le droit romain exigeait un espace de deux ans. L'ancienne jurisprudence avait fixé à deux termes le délai passé lequel le louage pouvait être résolu. Toutefois le bailleur devait attendre trois échéances, si les termes étaient courts : par exemple, si les loyers devaient se payer de trois mois en trois mois. Ferrière ne faisait pas ces distinctions. D'après ce jurisconsulte, lorsque le preneur ne payait pas les loyers à leur échéance, le propriétaire avait la faculté de demander la résolution du contrat. Le juge fixait alors un délai, dans lequel le locataire était obligé de payer ou de vider les lieux, sans qu'il fût nécessaire qu'il fût resté deux ans sans payer. La Cour de Grenoble, lorsqu'elle fut consultée sur le projet du Code Nap., avait demandé que le locataire pût être expulsé à défaut de payement, si les arrérages venaient à excéder une annuité (1). Les législateurs de notre Code n'ont pas voulu circonscrire le pouvoir du juge à cet égard; ils n'ont pas déterminé après quel temps le preneur qui ne paye pas le prix du louage doit être expulsé ; c'est un point qu'ils ont abandonné à la sagesse des magistrats.

Lorsque les parties n'ont pas déterminé la durée du bail, elles sont censées l'avoir fait pour exister jusqu'au moment où l'une d'elles manifestera la volonté de le résoudre. Le congé est l'acte par lequel se fait connaître cette volonté. Il suffit donc au bailleur qui veut mettre fin à un bail fait sans écrit, c'est-à-dire sans limitation de durée, de donner congé au preneur, en observant toutefois les délais fixés

(1) Fenet, t. iii, p. 589.

par l'usage des lieux (1). Ce congé n'a pas besoin d'être accepté par le preneur; il suffit qu'il lui soit notifié. Il n'est que l'exercice d'une faculté réservée par la nature même du bail à l'une quelconque des parties, sans condition d'acceptation de la part de l'autre.

Si la convention détermine l'époque à laquelle le louage doit finir, le bail cesse de plein droit à l'expiration du terme fixé, sans qu'il soit nécessaire de donner congé. Le bail, en effet, indiquant lui-même le moment où la location cessera, tient lieu de congé et avertit à l'avance les parties de se pourvoir.

En droit romain, lorsque le fermier attendait, pour restituer le fonds au propriétaire après le bail, qu'il y fût condamné, il devait lui remettre non-seulement la chose, mais encore son estimation. L'ancienne jurisprudence, et c'est elle qu'il faut encore appliquer, n'avait pas adopté cette décision. Elle ordonnait sans doute la restitution de la chose au bailleur, mais elle ne lui allouait en même temps que des dommages-intérêts (2).

Lorsqu'un bail d'une durée limitée est expiré, si le preneur reste volontairement en possession et si le locateur l'y laisse, ce double fait des deux parties indique assez leur volonté de continuer leurs rapports de bailleur et de preneur. Elles sont censées avoir tacitement consenti à faire succéder un nouveau bail au premier, qui vient de finir (3). C'était la doctrine du droit romain. Mais ce droit ne déterminait pas, comme certaines coutumes, le temps que le locataire d'une maison devait y rester après

(1) Art. 1736, C.
(2) D'Espeisses, t. 1, p. 117.
(3) Art. 1738 C.

la fin du bail, pour que la tacite réconduction fût présumée. Ainsi, d'après la coutume d'Orléans (1), il y avait tacite réconduction, si le locataire d'une maison, n'ayant pas reçu de congé du propriétaire, y demeurait huit jours depuis l'expiration du louage ; — d'après la coutume de Reims (2), s'il y demeurait passé le jour de St-Pierre, c'est-à-dire cinq jours ; — d'après la coutume de la ville de Lille (3), s'il y avait paisiblement résidé le terme d'un mois.

Le Code Napoléon s'est conformé au droit romain ; il n'a pas fixé la durée de possession nécessaire pour faire présumer la tacite réconduction. Le temps n'est même pas la seule circonstance dont on puisse l'induire. Sur ce point, le pouvoir du juge n'a d'autres limites que celles de ses convictions et de sa justice ; il prendra en considération toutes les circonstances de nature à faire présumer qu'il y a tacite réconduction.

Il est à remarquer que la tacite réconduction n'est pas la continuation du premier bail, mais qu'elle est une location nouvelle (4). Il en résulte :

1° Que la caution donnée pour le bail originaire ne se trouve pas obligée pour la tacite réconduction, qui, lui étant étrangère, ne peut perpétuer un cautionnement dont l'expiration même du premier bail l'a délivré pour toutes obligations ultérieures (5) : la caution est un tiers par rapport à la tacite réconduction ; par conséquent celle-ci ne peut lui nuire (6).

(1) Art. 120.
(2) Art. 390.
(3) Art. 191.
(4) Art. 1738 C.
(5) Art. 1740 C.
(6) Art. 1165 C.

2° Que les hypothèques fournies pour l'exécution du premier bail ne garantissent pas l'exécution du second (1). Comment pourraient-elles se trouver dans un contrat qui, par la manière même dont il s'est formé, ne peut les contenir ? C'est un contrat sans acte écrit ; or l'hypothèque conventionnelle (et il ne peut être question ici que de cette hypothèque) ne peut être consentie que par un acte notarié (2).

Mais il faut conserver à la tacite réconduction toutes les clauses ordinaires du précédent bail de nature à se renouveler par convention tacite. Ainsi le loyer reste le même, et le propriétaire a le privilége de l'article 2102, § 1, pour tout ce qui concerne l'exécution de ce louage tacite.

La tacite réconduction ayant pour fondement le consentement présumé du bailleur et du preneur à un nouveau bail, il faut décider qu'elle n'aurait pas lieu si, dans le temps que la jouissance s'est continuée, l'une des parties était dans l'impossibilité de donner un consentement qui pût produire un lien de droit contre elle, Ainsi, à l'expiration du bail, le propriétaire était tombé en démence. Quelque temps que le preneur soit resté et ait été laissé en possession, quelques actes qu'il ait accomplis sur la chose, un nouveau bail n'a pu se former. Le *consensus duorum in idem placitum* n'existe pas, et il est impossible que le bail, qui est un contrat, puisse se former par le seul fait du preneur, par sa volonté unique.

A plus forte raison, la tacite réconduction ne pourrait-elle se produire, si le bailleur avait manifesté une volonté

(1) *Contra*, l. 13, § 11, D. *locat. cond.* — Conf. Pothier, *Louage*, n°° 366 et 367.

(2) Art. 2127 C.

contraire. Aussi, lorsqu'il y a un congé signifié, le preneur, quoiqu'il ait continué sa jouissance, ne peut invoquer la tacite réconduction (1).

Il n'est pas nécessaire que ce congé soit donné en observant les délais d'usage, comme lorsqu'il s'agit de mettre fin à un bail non écrit; il suffit qu'il soit notifié avant que la tacite réconduction n'ait été contractée; car toute sa mission est de s'opposer à la formation d'un nouveau bail.

La tacite réconduction pourrait aussi être empêchée par une clause du bail qui la prohiberait (2).

Toutefois le bailleur serait présumé y avoir renoncé, s'il laissait continuer trop longtemps la jouissance du preneur.

Le louage cesse encore par la perte de la chose louée. Nous avons vu que le locataire en est responsable, s'il ne prouve pas qu'elle a eu lieu sans sa faute.

Le droit que les lois romaines accordaient au bailleur de faire rescinder le bail pour lésion d'outre moitié ne lui était pas reconnu par les coutumes : « Par coutume générale de » France, on ne donne jugement réscisoire, encore que la » lésion d'outre moitié de juste prix fût manifeste, ni pour » vente de fruits ou louage de possession (3). » Le bail n'est qu'une vente de fruits, qui sont choses mobilières. Or, « en aliénation de meubles, le bénéfice de restitution et » action rescisoire n'ont lieu, quand les parties sont capa- » bles de contracter (4). »

(1) Art. 1739 C.
(2) Pothier, n° 351.
(3) Ib. n° 36.—Bacquet, Droit commun de la France, t. 1, p. 40. — Denisart, Collect. nouv., t. 1, v° bail, 10.
(4) Orl., art. 448.

Le bail n'est résolu ni par la mort du bailleur ni par celle du preneur, à moins de convention contraire (1).

Dans certains cas, cependant, la mort du bailleur exerce de l'influence sur la durée du louage. Ainsi, le bail a été consenti par le mari, sans le concours de sa femme, sur les biens de celle-ci, dont il avait l'administration. Ce bail a été fait pour un temps qui excède neuf ans. Il n'est, en cas de la dissolution de la communauté ou du mariage par la mort du mari ou de la femme, ou autrement, obligatoire vis-à-vis de la femme ou de ses héritiers que pour le temps qui reste à courir de la première période de neuf ans, si les parties s'y trouvent encore, soit de la seconde, et ainsi de suite, de manière que le fermier n'ait que le droit d'achever la jouissance de la période de neuf ans où il se trouve (2).

Pareillement, le mari a renouvelé seul les baux des biens de campagne de sa femme trois ans avant l'expiration du bail courant, et les baux de ses maisons deux ans avant la même époque. Ces baux demeurent sans effet, à moins que leur exécution n'ait commencé avant que la communauté ne fût dissoute (3).

Mais s'ils ont reçu un commencement d'exécution durant la communauté, ou s'ils n'ont été renouvelés que dans les trois ans avant l'expiration du bail courant, pour les héritages ruraux, et dans les deux ans avant la même époque, pour les maisons, ils sont obligatoires pour la femme, sauf réduction du terme, s'il est excessif.

Cette réduction des baux consentis par le mari seul ne peut être invoquée que par la femme ou ses héritiers ; elle ne pourrait l'être par le fermier ou locataire.

(1) Art. 1742.
(2) Art. 1429 C.
(3) Art. 1430.

La femme serait censée y avoir renoncé, si elle avait concouru à la convention du louage. Le bail aurait alors son effet pour tout le temps convenu, soit qu'il ait été consenti pour plus de neuf ans, soit qu'il l'ait été plus de trois ans avant la fin du bail courant pour les fonds de terre, et plus de deux avant le même temps pour les fonds urbains. Dans ces cas, la dissolution du mariage ou de la communauté par la mort de l'un des conjoints, ou autrement, est sans influence sur la durée du bail. Ainsi un bail de vingt-sept ans est consenti conjointement par la femme et le mari ; sept ans après, cesse la communauté. Le bail n'en durera pas moins encore vingt ans.

Quant au mineur émancipé, s'il a passé des baux pour plus de neuf ans, il a le droit de les faire réduire à ce terme.

ARTICLE IV.

Preuves du louage.

Comment le bailleur pourra-t-il prouver le louage, si le preneur le nie ?

Si le bail n'est pas constaté dans un écrit et si l'intérêt du litige excède cent cinquante francs, il est évident que la preuve n'en peut être reçue par témoins. Ce n'est là que l'application des principes généraux (1).

Mais il faut aller plus loin et proscrire la preuve testimoniale, alors même que le prix n'excède pas cent cinquante

(1) Art. 1311 C.

francs ou se trouve inférieur à cette somme, si le bail n'a encore reçu aucune exécution. Par là on évite une multitude de petits procès, sans que l'intérêt de personne soit lésé, et l'on empêche que les parties ne restent longtemps dans l'incertitude, dans une matière où tout est urgent. Cette disposition est surtout utile pour cette classe nombreuse qui ne peut louer que des objets d'une valeur modique. Un procès est leur ruine (1). Il fallait tarir la source de toutes ces contestations, en les dépouillant de toutes preuves pour les soutenir.

Néanmoins le bailleur pourrait, dans ce cas, déférer le serment au preneur.

Il pourrait aussi le faire interroger sur faits et articles; car ce mode de preuve, qui n'est pas plus dangereux que le serment, est permis en toute matière.

Supposons que le bail verbal soit dénié; il n'y a pas eu de commencement d'exécution, mais il existe un commencement de preuve par écrit. Ce commencement de preuve par écrit ne rend pas la preuve testimoniale admissible, puisqu'il n'empêche pas le bail d'être fait sans écrit.

L'article 1715, qui est exorbitant du droit commun, ne proscrit la preuve testimoniale du bail nié que pour le cas où ce bail est fait sans écrit et n'a reçu aucune exécution, c'est-à-dire pour le cas où aucune des parties ne peut encore se trouver lésée. Il suit de là qu'on n'appliquerait pas l'article 1715 au cas où le bail fait sans écrit est nié, mais a reçu un commencement d'exécution également nié. Il sera permis de prouver par témoins l'exécution commencée du bail, afin que l'une des parties ne soit pas lésée par l'autre. Mais on ne le permettra que dans les limites des

(1) Discours du tribun Jaubert au Corps législatif.

articles 1341 et 1347 C., qui forment le droit commun en cette matière. Il ne faudrait donc pas admettre la preuve testimoniale, si le prix excédait cent cinquante francs.

On entend ici par prix la masse de tous les loyers : c'est elle, en effet, qui est l'intérêt du litige.

Lorsqu'il y a contestation sur le prix du bail verbal dont l'exécution a commencé, et qu'il n'existe point de quittance, le propriétaire sera cru sur son serment, si mieux n'aime le locataire demander l'estimation par experts (1).

Si l'estimation excède le prix déclaré par le locataire, les frais d'expertise restent à sa charge, comme ayant été occasionnés par son fait (2).

Si l'estimation que les experts ont faite est inférieure au prix déclaré par le propriétaire, mais supérieure à celui reconnu par le locataire, les deux parties supporteront chacune pour moitié les frais de l'expertise. Cette solution, bien que contraire à la lettre de l'article 1716, doit être suivie, comme conforme à l'équité et à l'ancien droit.

SECTION II.

DROITS PARTICULIERS AUX BAILLEURS DE MAISONS.

Les règles qui les concernent sont relatives :

1o Aux garanties du bailleur ;

2° Aux réparations locatives;

3o A la durée de la location d'un appartement meublé, quand les parties ne l'ont pas expressément fixée;

(1) Art. 1716 C.
(2) Ibid.

4° A la tacite réconduction d'un bail de maison ;

5° Aux obligations dont est tenu le locataire, lorsque le bail est résilié par suite de sa faute ;

6° A l'abrogation de la célèbre loi *Æde*.

§ Ier. — Garanties du bailleur.

Ces garanties sont au nombre de trois :

1° Un privilége sur les meubles garnissant la maison louée (1) ;

2° Le droit de revendiquer, dans la quinzaine du détournement, les meubles qui ont été déplacés de sa maison sans son consentement (2) ;

3° Le droit de faire saisir, hors des conditions ordinaires, les objets grevés du privilége (3).

Il sera traité de ces garanties au chapitre II. Qu'il suffise maintenant de dire que le locataire est obligé de garnir la maison de meubles qui soient affectés au privilége du bailleur.

Il faut que ces meubles soient suffisants pour répondre du loyer (4). Il faut donc que ce soit des meubles sur lesquels le privilége puisse s'exercer. Ainsi, pour savoir si cette obligation est remplie, on ne ferait pas entrer en ligne de compte les meubles déclarés insaisissables par la loi (5), ceux pour lesquels un tiers a notifié au locateur sa propriété, les titres de créances qui appartiennent au preneur, etc.

(1) Art. 2102, § 1, C.
(2) *Ibid.*
(3) Art. 819 pr.
(4) Art. 1752 C.
(5) Art. 592 et 593 pr.

Il n'est pas nécessaire que les meubles soient d'une valeur égale au montant de tous les loyers. C'est au propriétaire à ne pas laisser s'accumuler les loyers arriérés. Il est abandonné à l'appréciation des magistrats de fixer quelle valeur doivent avoir les meubles pour être suffisants. L'obligation de garnir les lieux serait considérée comme accomplie, si l'on y avait apporté les meubles que chacun est dans l'habitude de mettre dans des lieux semblables.

L'ancien droit obligeait aussi les locataires à garnir les maisons d'une certaine quantité de meubles déterminée par les usages des différents lieux : par exemple, la coutume d'Orléans (1) obligeait à garnir l'hôtel de biens meubles pour le payement de deux termes de loyers. C'était également la disposition de la coutume du comté de Dunois (2). D'après la coutume de la ville de Lille, « l'héritier d'une » maison pouvait contraindre son louagier de mettre biens » meubles suffisants en cette maison pour l'année courant » du louage. »

Mais, à défaut d'usage, il suffisait que la maison fût meublée suivant la condition du locataire : « Porter le droit du » propriétaire au delà aurait été rigueur outrée et l'exposer » lui-même à ne pouvoir louer sa maison (3). »

Aujourd'hui comme autrefois, le locataire, qui ne garnit pas la maison de meubles suffisants, peut être expulsé ; il pourrait l'être aussi, s'il venait à la dégarnir. L'expulsion s'opère en vertu d'un jugement. Ce n'est qu'un cas de résiliation du bail pour manquement à ses conditions.

Le preneur pourrait rendre l'expulsion impossible sans

(1) Art. 417.
(2) Chap. 17, art. 88.
(3) Bacquet, t. 11, t. 4, chap. 3, sect. 1, § 2, XXVII.

garnir les lieux de meubles, s'il offrait d'autres sûretés équivalentes, tels qu'un gage, une hypothèque.

Quelquefois il pourrait être dégagé de l'obligation de garnir les lieux par les circonstances mêmes du bail. Ainsi je prends à loyer un appartement garni; non-seulement je ne serai pas contraint à le meubler, mais je puis même obliger le bailleur à le faire.

§ II.—Réparations locatives.

Les réparations locatives ou de menu entretien sont à la charge du locataire pendant le bail (1). Le fondement de cet usage, c'est qu'elles sont ordinairement rendues nécessaires par une jouissance abusive de la chose ou un défaut de soin de la part du preneur ou des personnes de sa maison. S'il prouve qu'elles ne lui sont pas imputables, elles sont supportées par le propriétaire. Elles ne sont donc pas à sa charge quand elles sont occasionnées par vétusté ou force majeure (2).

Or les réparations locatives ou de menu entretien dont le locataire est tenu, s'il n'y a clause contraire, sont celles désignées comme telles par l'usage des lieux, et, entre autres, les réparations à faire aux âtres, contre-cœurs, chambranles et tablettes de cheminée; — au recrépiment du bas des murailles des appartements et autres lieux d'habitation, à la hauteur d'un mètre; — aux pavés et carreaux des chambres, lorsqu'il y en a seulement quelques-uns de cassés; — aux vitres, à moins qu'elles ne soient cassées par la grêle ou autres accidents extraordinaires de force

(1) Art. 1731 C.
(2) Art. 1755 C.

majeure, dont le locataire ne peut être tenu ; — aux portes, croisées, planches de cloison ou de fermeture de boutique, gonds, targettes et serrures (1).

Cette énumération n'est pas limitative ; le principe sur lequel elle repose, c'est qu'il faut considérer comme réparations locatives celles qui sont désignées comme telles par l'usage des lieux.

Les grosses réparations sont aux frais du bailleur, à moins qu'il ne prouve qu'elles ont été rendues nécessaires pendant la jouissance du preneur, et que celui-ci n'établisse pas qu'elles n'ont pas été occasionnées par sa faute.

Mais le propriétaire a-t-il le droit de faire, pendant le bail, celles qui sont à sa charge? Si elles diminuent ou rendent la jouissance du locataire plus incommode, ce dernier pourra-t-il demander la résiliation du louage, ou tout au moins des dommages-intérêts?

Voici, à cet égard, les distinctions qui doivent être faites :

Le preneur n'a le droit ni de se plaindre ni de demander une diminution du prix, si les réparations sont urgentes, si elles ne durent pas plus de quarante jours et si elles ne rendent pas inhabitable ce qui est nécessaire au logement du preneur et de sa famille (2). Si ces réparations ont ces trois caractères, aucune indemnité n'est due au preneur, qui est censé les avoir prévues lors du bail, s'être soumis à en supporter l'incommodité et les avoir prises en considération pour le montant des loyers qu'il donne (3).

Mais si le bailleur fait faire, malgré le locataire, des réparations non urgentes, il lui doit des dommages-intérêts.

(1) Art. 1754 C.
(2) Art. 1724 C.
(3) Pothier, *Du louage*, n° 77.

Pareillement, si les travaux durent plus de quarante jours, le locataire a droit à une diminution du loyer proportionnelle au temps et à la partie de la chose dont il aura été privé (1). Il faudrait même tenir compte des quarante premiers jours de travaux, parce que, lorsqu'ils se continuent au delà de ce délai, remise du loyer doit être faite au prorata du temps que la privation de jouissance a duré.

Pour que le preneur ait droit à la résiliation du bail, il faut et il suffit que les réparations rendent inhabitable ce qui est nécessaire à son logement et à celui de sa famille. Il n'est pas nécessaire qu'elles durent plus de quarante jours. Le locataire, dans ce cas, n'a droit qu'à la résiliation du bail ; il ne peut prétendre à aucune indemnité : la nécessité, l'urgence des réparations sont l'excuse du propriétaire qui les fait.

§ III. — Durée de la location d'un appartement garni, quand les parties ne l'ont pas expressément déterminée.

Le bail d'un appartement meublé est censé fait à l'année, quand il a été fait à tant par an; — au mois, quand il a été fait à tant par mois; — au jour, s'il a été fait à tant le jour. —Si rien ne constate que le bail soit fait à tant par an, par mois ou par jour, la location est censée faite suivant l'usage des lieux (2).

§ IV. — Tacite réconduction d'un bail de maisons.

D'après le droit romain, la tacite réconduction d'une

(1) Art. 1724 C.
(2) Art. 1758 C.

maison ne durait que le temps que le locataire l'avait ha-
bitée après le louage.

Suivant l'ancien droit français, elle durait une année
dans les pays où les maisons se louent ordinairement pour
une ou plusieurs années (1), et six ou trois mois dans ceux
où l'usage est de faire des locations pour ces courtes pé-
riodes (2).

Quant au Code Napoléon, il décide que si le locataire
d'une maison ou d'un appartement continue sa jouissance
après l'expiration du bail par écrit, sans opposition de la
part du bailleur, il sera censé les occuper, aux mêmes conditions, pour le terme fixé par l'usage des lieux, et ne
pourra plus en sortir ni en être expulsé qu'après un congé
donné suivant le délai fixé par l'usage des lieux (3).

La tacite réconduction ne peut finir que par un congé.

§ V. — Obligations du locataire, lorsque le bail est résilié par suite de sa faute.

En cas de résiliation par la faute du locataire, celui-ci
est tenu de payer le prix du bail pendant le temps nécessaire à la relocation, sans préjudice des dommages-intérêts qui ont pu résulter de l'abus (4).

Le locataire n'est pas tenu des loyers pendant tout le
temps que le locateur met à faire une location nouvelle;
il n'en est tenu que pendant le temps nécessaire à la relo-

(1) Orl., art. 426.
(2) Pothier, *Du louage*, n° 359.
(3) Art. 1759 C.
(4) Art. 1760 C.

cation, c'est-à-dire pendant le temps ordinairement laissé au propriétaire pour s'assurer d'un nouveau locataire (1).

Si le propriétaire relouait sur-le-champ, le locataire ne devrait que les loyers échus pendant qu'il habitait la maison.

§ VI. — Abrogation de la loi *Æde*.

Les coutumes et l'ancienne jurisprudence permettaient, comme le droit romain, au propriétaire qui voulait habiter lui-même sa maison, d'expulser aussitôt le locataire, sans attendre l'expiration du bail. Elles ne le concédaient qu'au propriétaire; les locataires principaux ne pouvaient y prétendre.

Il y avait même un cas où le propriétaire lui-même ne pouvait l'exercer : c'était lorsqu'il ne se trouvait que propriétaire par indivis; car il lui était impossible de jouir séparément de sa portion indivise (2).

Cette impossibilité et l'effet qui y était attaché cessaient, si les copropriétaires l'autorisaient à user du privilége de la loi *Æde* (3).

Cette loi exigeait du propriétaire la preuve que la maison était nécessaire à ses besoins personnels. L'ancienne jurisprudence s'était montrée moins rigoureuse ; elle l'obligeait seulement à affirmer, si le locataire le demandait, qu'il voulait habiter sa maison, et que, pendant tout le temps que

(1) Art. 1760 C.
(2) Ferrière, *Dict. de droit et de pratiq.*, tom. II, vo *privilége*.
(3) Ferrière, *Dict. de droit et de pratiq.*, t. II, vo *privilége*.

durerait le bail, il l'occuperait et ne la louerait à aucun autre, ni en tout ni en partie (1).

Cottereau atteste que plusieurs regardaient ce privilége comme injuste (2). Aussi, lorsque le propriétaire l'exerce, « quoiqu'en rigueur il ne soit dû, dit La Thaumassière (3), aucun dommage-intérêt, on a coutume, par une espèce d'humanité, de diminuer une demi-année de loyer. » C'était un usage également pratiqué au bailliage d'Orléans (4).

La coutume de Bayonne déclarait que le locataire expulsé, dans ce cas, de la maison, ne payerait rien pour raison du temps qu'il y aurait demeuré.

Le Code Napoléon a abrogé la loi *Æde* comme contraire au principe qu'une convention synallagmatique ne peut être révoquée que du consentement mutuel des parties (5). Elle était aussi considérée comme pouvant mettre obstacle ou nuire à des établissements utiles, qui, pour se développer avec confiance, ont besoin d'être assurés d'une jouissance fixe et durable. Sous l'empire de notre droit actuel, le bailleur ne peut donc, à moins de convention contraire, résoudre le louage d'une maison, encore qu'il déclare vouloir l'habiter par lui-même (6).

S'il a été convenu dans le contrat de louage que le bailleur pourrait venir occuper la maison, il est tenu de signifier d'avance un congé aux époques déterminées par l'usage des

(1) Denisart, v° *bail*, n° 28.—Pothier, *Du louage*, n° 329.
(2) *Droit de la France*, 3375.
(3) Sur Berri, t. 9, art. 41.
(4) Pothier, Introd. au tit. 19 Cout. d'Orl., n° 65.
(5) Art. 1131 C.
(6) Art. 1761 C.

lieux (1). L'exercice de cette clause ne donne pas droit à des dommages-intérêts. Cette clause fait partie du bail, elle en est une condition. En l'exerçant, le bailleur ne fait qu'user de son droit. Or *qui jure suo utitur neminem lædit*.

Toutefois, si le bailleur, après avoir expulsé le locataire sous prétexte de venir habiter lui-même la maison, y mettait un autre à sa place, il serait passible de dommages-intérêts.

SECTION III.

DROITS PARTICULIERS AUX BAILLEURS A FERME.

Nous les exposerons en traitant, pour ce qui concerne seulement les prérogatives des bailleurs à ferme :

1o Du colonage partiaire ;

2o Des effets qui résultent de la différence existant entre la contenance déclarée au contrat et la contenance délivrée ;

3o Des obligations du fermier ;

4o Des remises de loyers qui doivent être faites aux fermiers pour perte de récoltes par cas fortuit ;

5o De la durée des baux à ferme, lorsqu'elle n'a pas été expressément déterminée par les parties ;

6o De la tacite réconduction des héritages ruraux.

§ 1er. — Colonage partiaire.

Les baux à ferme sont de deux espèces :

(1) Art. 1762 C.

1° Le bail à ferme proprement dit ;

2° Le bail à colonage ou à métairie, ou colonage partiaire.

Plusieurs différences les distinguent l'un de l'autre. Dans le bail à ferme proprement dit, le fermier s'oblige à payer une redevance fixe, soit en espèces, soit en nature.

Dans le colonage partiaire, il n'en est pas ainsi : le colon cultive un immeuble rural sous la condition d'un partage de fruits avec le propriétaire (1).

Dans le premier, le bailleur, recevant des fruits civils, les acquiert jour par jour (2).

Dans le second, le propriétaire, recevant des fruits naturels ou industriels, ne les acquiert que par la perception.

Cette seconde différence est très-importante lorsque le bailleur est un usufruitier.

Le fermier proprement dit peut, à moins de convention contraire, sous-affermer ou céder son bail, tandis que cette faculté est interdite de droit au colon.

Cette prohibition, faite par la loi, au colon de sous-louer ou de céder, a été traitée section Iᵉ, article 2.

§ II. — Des effets qui résultent de la différence existant entre la contenance déclarée au contrat et la contenance délivrée.

Si dans un bail à ferme on donne aux fonds une contenance autre que celle qu'ils ont réellement, il n'y a lieu à augmentation ou diminution du prix pour le fermier que

(1) Art. 1763 C.

(2) Art. 586 C.

dans les cas et suivant les règles exprimés au titre de la vente (1).

Supposons d'abord qu'un louage ait été fait avec indication de contenance à raison de tant la mesure. Deux cas peuvent alors se présenter. La contenance délivrée peut, en effet, être plus grande ou plus petite que celle exprimée au contrat.

Est-elle plus grande? elle n'a d'effet que si elle est d'un vingtième au-dessus de la contenance indiquée, auquel cas le fermier a le choix de fournir le supplément du prix ou de se désister du contrat (2).

Est-elle plus petite? si minime que soit la différence, le propriétaire est obligé de délivrer au fermier, s'il l'exige, la quantité portée au contrat ; — et si la chose ne lui est pas possible, ou si le fermier ne l'exige pas, le propriétaire est obligé de subir une diminution proportionnelle du prix (3).

Dans tous les autres cas, — soit que la vente soit faite d'un corps certain et limité, — soit qu'elle ait pour objet des fonds distincts et séparés, — soit qu'elle commence par la mesure, ou par la désignation de l'objet vendu suivie de la mesure, — l'expression de cette mesure ne donne lieu à aucun supplément de prix en faveur du propriétaire pour l'excédant de mesure, ni, en faveur du fermier, à aucune diminution du prix pour moindre mesure, qu'autant que la différence de la mesure réelle à celle exprimée au contrat est d'un vingtième en plus ou en moins, eu égard à la totalité des objets vendus, s'il n'y a stipulation contraire (4).

(1) Art. 1765 C.
(2) Art. 1618 C.
(3) Art. 1617 C.
(4) Art. 1619 C.

Dans tous ces cas, s'il y a lieu à augmentation de prix pour excédant de mesure, le fermier a le choix de se désister du contrat, ou de payer le supplément du prix, avec les intérêts, s'il garde l'immeuble (1).

§ III.— Obligations des fermiers.

L'obligation qui incombe à tout preneur de jouir en bon père de famille impose aux fermiers quelques charges qui leur sont spéciales. Ainsi ils doivent garnir la ferme des bestiaux et des ustensiles qui sont nécessaires à son exploitation. « Cette obligation, dit Pothier, naît de la nature même du bail ; car, étant obligé de jouir de la métairie en bon père de famille et de la cultiver, il s'ensuit » qu'ils doivent avoir tout ce qui est nécessaire pour la » culture (2). » L'exécution de cette obligation servira, en outre, d'assiette au privilège du bailleur (3).

Mais il est à remarquer que le but direct et principal de cette obligation n'a pas été de garantir le privilège du bailleur. Aussi le fermier y a-t-il satisfait lorsqu'il a garni la ferme de bestiaux et d'instruments qui, bien qu'insuffisants pour répondre du loyer, suffisent aux besoins de l'exploitation.

Une autre obligation spéciale au preneur d'un fonds rural, c'est de ne pas laisser les terres dans un abandon de culture nuisible à leur fertilité.

En outre, comme la garantie du propriétaire pour ses fermages réside surtout dans les fruits du fonds, la loi,

(1) Art. 1620 C.
(2) *Du louage*, n° 201.
(3) Art. 1766 C., et 2102, § 1, C.

pour lui conserver cet objet principal de son privilége, exige que tout preneur d'un bien rural engrange dans les lieux à ce destinés (1).

Cette disposition est applicable au colon partiaire. Le texte primitif du projet portait ces mots : Tout fermier; ce qui semblait exclure le colon partiaire, et c'est pour l'y comprendre que le tribunat les fit remplacer par ces expressions plus générales : Tout preneur (2). Le propriétaire pourrait avoir besoin de ce privilége pour les réparations locatives que le colon refuserait de faire.

Passons maintenant aux obligations du fermier sortant et du fermier entrant.

Ces obligations ont pour but de concilier les intérêts du fermier qui sort de la ferme avec les besoins du fermier qui le remplace, et d'empêcher que la culture des terres soit un seul instant entravée.

Elles consistent, pour le fermier sortant, à laisser à celui qui lui succède dans la culture les logements convenables et autres facilités pour les travaux de l'année suivante; et, réciproquement, pour le fermier entrant, à procurer à celui qui sort les logements convenables et autres facilités pour la consommation des fourrages et pour les récoltes restant à faire. — Dans l'un et l'autre cas, on doit se conformer à l'usage des lieux (3).

Le fermier sortant doit aussi laisser les pailles et engrais de l'année, s'il les a reçus lors de son entrée en jouissance; et quand même il ne les aurait pas reçus, le propriétaire pourra les retenir suivant l'estimation (4).

(1) Fenet, t. xiv, p. 285.
(2) Art. 1767.
(3) Art. 1777 C.
(4) Art. 1778 C.

L'estimation se fait par experts, si le propriétaire et le fermier ne s'entendent pas sur la valeur des objets.

Dans l'ancien droit, le fermier, si les bestiaux lui appartenaient, n'était obligé de laisser dans la ferme, à sa sortie, que les fumiers nécessaires à l'engrais des terres; il avait la libre disposition du surplus. Mais dans les provinces où, comme dans le Berri et le Bourbonnais, les bestiaux étaient la propriété du bailleur, tous les fumiers devaient rester dans la ferme (1). Le Code civil a rejeté ces distinctions.

§ IV. — Des remises de loyer qui doivent être faites au fermier pour perte de récolte par cas fortuit.

L'obligation de payer les fermages ayant pour cause l'obligation contractée par le bailleur de faire jouir le preneur de la chose, c'est-à-dire de le mettre à même d'en percevoir les fruits, il en résulte que si, pendant qu'elle est sur pied, la récolte est détruite par cas fortuit, remise de l'obligation de payer le prix doit être faite au fermier. C'est pourquoi, si le bail est fait pour plusieurs années, et que, pendant la durée du bail, la totalité ou la moitié d'une récolte au moins soit enlevée par des cas fortuits, le fermier peut demander une remise du prix de sa location, à moins qu'il ne soit indemnisé par les récoltes précédentes.

S'il n'est pas indemnisé, l'estimation de la remise ne peut avoir lieu qu'à la fin du bail, auquel temps il se fait une compensation de toutes les années de jouissance. — Le juge peut cependant dispenser provisoirement le preneur de payer une partie du prix en raison de la perte éprouvée (2).

(1) Denisart, Collect. nouv., t. 1, v° bail, n° 05.
(2) Art. 1769 C.

La perte de la récolte par cas fortuit, pour donner lieu à une remise du prix du bail, doit être de moitié au moins, parce que, le fermier devant seul profiter des récoltes plus qu'ordinaires, il est juste qu'il supporte seul le préjudice des récoltes faibles : « Modicum damnum æquo animo ferre debet colonus, cui immodicum lucrum non aufertur (1).

Cette perte se calcule non sur la valeur vénale de la récolte, mais sur sa quantité. La quantité d'une récolte est facile à apprécier, et, d'un autre côté, la fréquente variation de sa valeur vénale aurait fait naître trop de difficultés.

Un fermier a perdu la moitié au moins d'une récolte par cas fortuit; pour savoir s'il a été indemnisé par les autres, il faut apprécier la quantité de ces dernières en retranchant de l'excédant des fortes années les déficits des années faibles, bien que chacun de ces déficits ne soit pas de la moitié des récoltes; car l'estimation de la remise ne doit s'opérer qu'en faisant une compensation de toutes les années de jouissance. Le propriétaire pouvant opposer au fermier les années abondantes, il est juste que celui-ci puisse lui opposer les années peu productives.

Pour donner lieu à une remise du loyer, la perte de moitié au moins doit porter sur la totalité des fruits de l'année. Il ne suffirait pas que la perte fût de la moitié d'une seule espèce de fruits, si d'ailleurs elle ne formait pas à elle seule l'équivalent de la moitié de toute la récolte que l'héritage afferme doit produire.

Il en résulte que si le fermier avait sous-loué une partie de cet héritage, il pourrait arriver qu'il eût à supporter en faveur de son sous-fermier une remise de prix, sans qu'il pût la faire supporter par contre-coup au bailleur principal.

(1) D. 10, 2, 25, § 6.

La perte de la récolte doit être considérée comme étant de moitié lorsqu'elle est inférieure à la moitié d'une récolte ordinaire.

C'est au fermier à prouver que la perte est de moitié et qu'elle est arrivée par cas fortuit. Il doit donc avoir le soin de la faire constater à une époque où on peut en reconnaître l'existence, l'étendue et la cause.

La perte de moitié ou de plus de moitié d'une récolte ne donne pas droit au fermier à des dommages-intérêts ni à la résiliation du bail.

De ce que le fermier n'a pas droit à des dommages-intérêts, il s'ensuit qu'il n'a pas le droit de répéter contre le propriétaire les semences qu'il a dépensées : *Casus fortuiti a nullo praestantur.*

Le fermier n'aurait pas droit à une remise du loyer, si la perte ne se trouvait de moitié qu'en additionnant les pertes successives de plusieurs années. Il faut que cette perte de moitié porte sur la récolte d'une même année.

L'indemnité qu'une compagnie d'assurances devrait au fermier pour le cas fortuit qui l'a privé de la moitié de sa récolte n'enlèverait pas à ce fermier le droit d'exiger du bailleur une remise de prix, alors même que cette indemnité serait égale à cette remise. La police d'assurances est pour le propriétaire *res inter alios acta.* Il n'en supporte pas les charges, il ne doit donc pas en profiter (1).

Si le bail n'est que d'une année, et que la perte soit de la totalité des fruits ou au moins de la moitié, le preneur sera déchargé d'une partie proportionnelle du prix de la location ; il ne pourra prétendre aucune remise, si la perte est moindre de moitié (2). La loi, dans ce cas,

(1) S. 31, 1, 301.
(2) Art. 1770 C.

n'entend parler que de la moitié des fruits que l'immeuble produit année commune, et non pas de la moitié de la récolte présente (1). C'était ainsi que cette disposition était entendue dans l'ancien droit.

Le fermier ne peut obtenir de remise lorsque la perte des fruits arrive après qu'ils sont séparés de la terre, à moins que le bail ne donne au propriétaire une quotité de la récolte en nature, auquel cas le propriétaire doit supporter sa part de la perte, pourvu que le preneur ne soit pas en demeure de lui délivrer sa portion de récolte. — Le fermier ne peut également demander une remise lorsque la cause du dommage était existante et connue à l'époque où le bail a été passé (2). Il a dû traiter en conséquence et obtenir la ferme à meilleur marché.

Pour que le fermier n'ait rien à réclamer au propriétaire, il suffit que la perte des fruits soit arrivée à une époque où ils étaient séparés du sol, bien qu'ils ne fussent pas encore engrangés.

Cependant, si le colon est un colon partiaire, la perte des fruits par cas de force majeure, arrivée même après leur séparation du sol, se partage entre lui et le propriétaire. L'un est lié à l'autre par une société qui met en commun la perte et le gain, quels qu'ils soient (3).

Le colon la supporterait seul, s'il était en demeure de livrer la part du propriétaire (4).

Si le fermage consistait en denrées en général, sans qu'il eût été dit que ces denrées seraient une portion des

(1) Brunemann, sur la loi 15, § 2, D. *locat.*, n° 15, d'après Clap.
(2) Art. 1771 C.
(3) L. 25, § 6, D. *locat. cond.*
(4) Art. 1771 et 1138 C.

fruits de la récolte à prendre, la perte de cette récolte, survenue alors qu'elle est séparée du fonds, sera tout entière à la charge du fermier ; car il n'est débiteur que d'un genre, et non pas de telles ou telles denrées.

Le preneur pourrait être chargé des cas fortuits par une stipulation expresse (1).

Cette stipulation ne s'entend que des cas fortuits ordinaires, tels que grêle, feu du ciel, gelée ou coulure. — Elle ne s'entend pas des cas fortuits extraordinaires, tels que les ravages de la guerre, ou une inondation, auxquels le pays n'est pas ordinairement sujet, à moins que le preneur n'ait été chargé de tous les cas fortuits prévus ou imprévus (2).

En résumé, voici les différentes hypothèses dans lesquelles le propriétaire n'est pas tenu de la perte des fruits arrivée par cas fortuit :

1° Lorsque aucune des années n'offre une perte au moins égale à la moitié d'une année ordinaire ;

2° Lorsque la perte totale ou de moitié au moins d'une récolte ordinaire se trouve compensée par les récoltes des autres années ;

3° Si grande que fût la perte, fût-elle totale, lorsqu'elle est arrivée depuis que les fruits ont été séparés du sol ;

4° Lorsque la cause de la perte était déjà existante et connue au moment où le bail s'est fait ;

5° Lorsque le fermier s'est chargé des cas fortuits ordinaires et extraordinaires.

(1) Art. 1772 C.
(2) Art. 1773 C.

§ V.—Durée des baux à ferme, lorsqu'elle n'a pas été expressément
déterminée par les parties.

Lorsque les parties ne sont pas convenues expressément
de la durée d'un bail à loyer, ce bail a une durée indéterminée. Chacune des parties peut le faire cesser quand elle
le veut, au moyen d'un congé.

Les baux à ferme, au contraire, ont toujours une durée
limitée. Quand elle ne l'est pas par une convention expresse
des parties, elle l'est par la loi, qui la règle en se fondant
sur l'intention présumée des parties. En conséquence, le
bail sans écrit d'un fonds rural est censé fait pour le
temps qui est nécessaire afin que le preneur recueille tous
les fruits de l'héritage affermé. — Par exemple, le bail à
ferme d'un pré, d'une vigne et de tout autre fonds dont les
fruits se recueillent en entier dans le cours de l'année, est
censé fait pour un an. — Le bail des terres labourables,
lorsqu'elles se divisent par soles ou saisons, est censé fait
pour autant d'années qu'il y a de soles (1).

Le bail des héritages ruraux, quoique fait sans écrit,
cesse de plein droit à l'expiration du temps pour lequel il
est censé fait. Aussi le congé, qui met fin au bail d'une
durée illimitée, n'est jamais nécessaire en matière de baux
à ferme.

§ VI. — Tacite réconduction des héritages ruraux.

Les lois romaines limitaient la tacite réconduction des
fonds ruraux à un an. Les coutumes la prolongeaient

(1) Art. 1774 C.

autant d'années qu'il y avait de saisons dans l'assolement. Ainsi, en Beauce, en Picardie et en Flandre, elle était de trois ans, parce que les terres y étaient divisées en trois saisons (1).

La tacite réconduction des terres qui n'étaient pas susceptibles d'assolement était d'une année : telle était celle d'une vigne (2).

Nous avons vu, au paragraphe précédent, que cette jurisprudence, fondée sur l'intention présumée des parties, a été adoptée par le Code Napoléon.

La tacite réconduction a été traitée section première, article 3.

(1) Pothier, no 360.
(2) *Ib.* et Cottereau, 3108.

CHAPITRE II.

DROITS ACCESSOIRES DES BAILLEURS DE MAISONS ET DES BAILLEURS A FERME.

————

Ces droits accessoires consistent dans le privilége des locateurs et dans la contrainte par corps (1). Ces deux droits feront l'objet de deux sections.

SECTION Ire.

PRIVILÉGE DES LOCATEURS DE MAISONS OU DE FERMES.

Nous parlerons : 1° des motifs de ce privilége ; — 2° de son origine ; — 3° des personnes auxquelles il appartient ; — 4° des objets sur lesquels il porte ; — 5° des créances qu'il garantit, de son étendue, et, à ce sujet, du droit de relocation des autres créanciers ; — 6° du droit de revendication des objets déplacés de la maison ou de la ferme, et du droit de saisie-gagerie accordé aux locateurs ; — 7° du rang de leur privilége.

§ Ier. — Motifs de ce privilége.

Si l'on considère de quelles ressources est le louage pour

————

(1) Art. 2102, § 1, C. — Art. 2062 C.

les familles; si l'on remarque qu'il procure aux unes des
logements et des exploitations, où elles peuvent vivre et
trouver un aliment à leur activité et à leur industrie, et
aux autres des revenus pour pourvoir à leur entretien, et
qu'il permet ainsi à toutes de s'entr'aider chacune pour
son avantage particulier, on demeure convaincu que l'in-
stitution d'un privilége qui a pour but de favoriser les
locations, en garantissant aux propriétaires le payement de
leurs loyers et fermages, a pour fondement l'intérêt général. De plus, le locateur a pu légitimement se regarder
comme étant en quelque sorte nanti de tout ce qui garnissait sa maison ou sa ferme et de tout ce qui servait à l'exploitation de celle-ci ; il a pu légitimement se regarder
comme étant pour ainsi dire propriétaire des fruits produits par sa chose, jusqu'à concurrence des fermages pour
lesquels il l'avait louée.

§ II.—Origine de ce privilége.

Il faut, pour trouver l'origine de ce privilége, remonter
jusqu'au droit romain. Nous avons vu que sa source n'est
même pas, à proprement parler, dans la loi romaine ; elle est
dans la convention des parties. La loi n'offrait d'abord aucune garantie réelle aux bailleurs pour les mettre à l'abri
de l'insolvabilité des locataires. Les bailleurs de maisons et
ceux de fonds ruraux imaginèrent alors de se faire consentir
des gages, les premiers sur les choses apportées par le
locataire dans la maison , les seconds sur les fruits de l'héritage rural. Telle fut l'origine de l'hypothèque tacite chez
les Romains.

Notre ancienne jurisprudence convertit cette hypothèque
tacite en un privilége. Certaines coutumes, plus favorables

en ce point aux bailleurs que les lois romaines, étendirent même ce privilége aux meubles que les fermiers se trouvaient avoir dans les métairies (1). Ces innovations ont été maintenues par le Code Napoléon.

§ III.—A qui ce privilége appartient-il ?

Ce privilége n'est pas l'apanage de la qualité de propriétaire, il est uniquement attaché à la qualité de locateur. Il appartient non-seulement au propriétaire, lorsque c'est lui qui a donné le fonds à loyer ou à ferme, mais encore à l'usufruitier, au possesseur qui a loué l'immeuble dont il a l'usufruit ou la possession, au locataire qui a usé de la faculté de sous-louer (2). En un mot, c'est pour loyers et fermages que ce privilége existe, quel que soit celui qui a droit à ces sortes de créances.

§ IV.— Sur quels objets porte ce privilége ?

Il porte sur tout ce qui garnit la maison louée ou la ferme, et en outre, pour les biens ruraux seulement, sur tout ce qui sert à leur exploitation et sur les fruits de la récolte de l'année.

Et d'abord le privilége porte sur tout ce qui garnit la maison louée ou la ferme, c'est-à-dire sur tout ce qui est destiné à la meubler, à l'orner, à y rester à demeure, à y être consommé : tels sont les meubles meublants, l'argenterie, les tapisseries, les lits, les siéges, les pendules, les bibliothèques, — le linge de corps ou de table, etc.

(1) Paris, art. 171.—Orléans, art. 415 et 416.
(2) Art. 2102, § 1, C.—Art. 819 pr.

Ce privilége a tant de force, qu'il l'emporte même sur le droit de propriété. Il n'est pas, en effet, nécessaire que les meubles qui garnissent les lieux appartiennent au fermier ou locataire ; il suffit que la chose soit dans le fonds pour y rester, qu'elle serve à le garnir, et que le locateur ait ignoré qu'elle appartenait à un tiers. Aussi le privilége s'étend-il, en règle générale, sur tout ce qui garnit la maison ou la ferme, soit que ces choses appartiennent au locataire ou au fermier, soit qu'elles appartiennent à tout autre, le preneur ne les détenant qu'à titre de dépôt, de gage, de location ou de prêt. Le locataire ou fermier a sur ces objets une sorte de possession de gage, et il est protégé par la maxime « En fait de meubles, possession vaut titre (1). » En les voyant dans sa maison ou dans sa ferme, il a dû croire qu'ils appartenaient au preneur. C'était aux véritables propriétaires à faire connaître leurs droits au bailleur. En confiant leur chose à un locataire ou fermier dont ils ne connaissaient pas la solvabilité, ils ont commis une faute, dont eux seuls doivent supporter les conséquences : *Qui culpa sua damnum sentit, sentire non videtur.* Là pourquoi, lorsqu'un cheptel donné au fermier d'autrui n'a pas été notifié au propriétaire de la ferme, celui-ci peut le faire saisir et le faire vendre pour ce que son fermier lui doit (2). Voilà encore pourquoi le privilége du vendeur d'effets mobiliers non payés ne s'exerce qu'après celui du propriétaire de la maison ou de la ferme, s'il n'est pas prouvé que le propriétaire savait que ces meubles garnissant la maison ou la ferme n'appartenaient pas au locataire (3).

(1) Art. 2279 C.
(2) Art. 1813 C.
(3) Art. 2102, § 1, C.

Mais si le bailleur a su, d'une manière quelconque, que la chose apportée dans la maison ou la ferme n'appartenait pas au locataire, il n'aura pas de privilège sur cette chose. Ainsi je notifie au propriétaire le cheptel que je donne à son fermier ; les bestiaux qui le composent demeureront libres du privilège du bailleur à ferme (1).

Il suffit même, d'après la jurisprudence, qu'il soit notoire que les meubles introduits dans la maison n'appartiennent pas au locataire, pour qu'ils soient affranchis de ce privilège. Ainsi il a été jugé que, lorsque l'usage, notoirement connu, d'un pensionnat était que les parents fussent obligés de fournir des meubles à leurs enfants, le propriétaire qui avait loué sa maison au maître de pension n'avait pas de privilège sur ces meubles (2).

Il faut que les meubles garnissent la maison ou la ferme, et qu'ils y aient été placés pour y rester : « Ut ibi perpetuo sint, non temporis causa (3) » Le privilège du locateur n'existe donc pas sur l'argent comptant ni sur les billets de banque trouvés dans la maison ou la ferme ; car ces choses ne sont pas de celles qui par elles-mêmes soient destinées à garnir une maison ou une ferme : leur destination est d'être dépensées au dehors (4). La loi, du reste, n'accorde de privilège que sur le prix des choses qui garnissent la maison ou la ferme, ce qui suppose qu'il s'agit de choses qui peuvent être vendues, et il est de toute évidence que de l'argent comptant, des billets de banque ne se vendent pas.

(1) Art. 1813 C.
(2) Poitiers, 30 juin 1825.
(3) D. 20, 1, 32.
(4) Pothier, *Louage*, 250.

Il en est de même des créances trouvées dans la maison ou la ferme; car ce sont là des choses incorporelles, ne résidant, en réalité, nulle part : *nullo circumscribuntur loco* (1). Il est donc impossible que des choses de cette nature garnissent une maison ou une ferme.

Il faut en dire autant des instruments aratoires qu'un voisin prêterait momentanément au fermier.

Le privilège du locateur ne porte pas non plus sur la chose d'autrui qui ne se trouve dans la maison ou la ferme qu'à cause de la profession du locataire. Ainsi il ne s'étendra pas aux effets des voyageurs déposés dans une auberge, au linge remis à une blanchisseuse, aux montres déposées chez un horloger pour qu'il les répare. Le locateur n'a pas dû compter sur ces choses pour être payé de ses loyers.

Quant aux meubles des sous-locataires qui garnissent la maison, ils sont grevés du privilège, même vis-à-vis du propriétaire-locateur, jusqu'à concurrence du prix de sous-location que les sous-preneurs peuvent devoir au locataire principal (2).

Les règles du privilège du propriétaire sur les meubles du preneur gouvernent aussi le privilège du locataire principal sur les meubles du sous-locataire.

Le privilège du bailleur d'un immeuble rural s'étend non-seulement sur tout ce qui garnit la ferme, mais encore sur tout ce qui sert à son exploitation et sur les fruits de la récolte de l'année. Les instruments aratoires, les bestiaux, toutes choses, en un mot, qui servent à exploiter la ferme, tous les fruits de la récolte de l'année, de quelque nature qu'ils soient, qu'ils consistent en grains, four-

(1) *Ib.*, 251.
(2) Art. 820 pr.—Art. 1753 C.

rages, bois, vin ou autres choses, qu'ils aient été perçus par le fermier principal ou par des sous-fermiers, qu'ils aient été récoltés ou qu'ils soient encore pendants par branches ou par racines, dans tous ces cas, toutes ces choses sont soumises au privilége du bailleur.

La loi ne parle expressément que des fruits de la récolte de l'année; mais les autres fruits, s'il s'en trouve, à quelque époque qu'ils aient été perçus, s'ils sont engrangés dans la ferme ou dans des bâtiments qui en dépendent, se trouvent, comme garnissant les lieux, affectés au même privilége. Si le législateur n'en fait pas mention, c'est qu'il suppose qu'ils sont déjà vendus; car il n'est pas dans l'habitude d'un fermier de garder ses récoltes d'une année à l'autre. *Lex statuit de eo quod plerumque fit.*

§ V.—Créances garanties par le privilége du locateur.—De l'étendue de ce privilége. — Droit de relocation des autres créanciers.

Les créances garanties par le privilége du locateur sont : 1° les loyers et fermages; 2° les réparations locatives; 3° tout ce qui concerne l'exécution du bail, c'est-à-dire les dommages-intérêts alloués au bailleur, soit parce que le locataire n'a pas joui de la maison ou de la ferme en bon père de famille, soit parce qu'il n'en a pas usé suivant sa destination, soit parce qu'il n'a pas payé le prix du bail aux termes convenus, soit parce qu'il a sous-loué ou cédé, alors que cette faculté lui avait été interdite, soit parce qu'il n'a pas garni la ferme des bestiaux et instruments nécessaires à son exploitation, soit, en un mot, parce qu'il a manqué à ses engagements.

Ce privilége garantit aussi les avances faites par le locateur au preneur en vertu d'une clause du bail; car l'obligation de les rendre, faisant partie des obligations du bail même, concerne par conséquent l'exécution de ce contrat (1).

Le privilège du locateur, étant attaché à la nature de la créance, est indépendant de la forme du bail. Il importe donc peu à son existence que le bail soit authentique, sous signature privée ou verbal, qu'il ait ou non une date certaine (2). Il existe même dans la tacite réconduction.

Mais si la forme du bail est indifférente pour l'existence de ce privilège, elle ne l'est pas pour son étendue.

Suivant l'usage du Châtelet de Paris, lorsque le bail était passé par-devant notaire, le bailleur était préféré aux créanciers de son locataire pour toutes les obligations résultant du bail. Il n'y avait aucune distinction à faire entre les loyers échus et ceux à échoir. — Si le bail n'était que verbal ou sous signature privée, le droit de préférence était restreint aux trois derniers termes et le courant (3).

D'après le Code Napoléon, il y a sur cette question une distinction très-importante à faire entre le bail qui a et celui qui n'a pas date certaine.

Si le bail a date certaine, le privilège existe pour tout ce qui est échu et tout ce qui est à échoir. La date certaine du bail le rend, pour toutes ses conditions, opposable aux tiers, c'est-à-dire aux créanciers du locataire ou fermier (4).

Toutefois les autres créanciers ont le droit, lorsque le propriétaire exige le payement non-seulement des loyers

---

(1) Pothier, no 231.
(2) Art. 810 pr.
(3) Ferrière, *Dict. de droit et de pratiq.*, t. II, v° *privilège du propriétaire pour ses loyers.—Actes de notoriété du Châtelet de Paris* des 7 février 1633; 24 mars 1702; 19 septembre 1710.
(4) Art. 1328 C.

échus, mais encore de ceux à échoir, de relouer la maison
ou la ferme, et de faire leur profit des loyers et fermages, à
la condition de payer au propriétaire tout ce qui lui serait
encore dû. Il eût été injuste de permettre au locateur payé
de tout le prix de sa location de reprendre sa chose pour
la relouer et d'obtenir ainsi à nouveau le prix d'une jouissance dont il a été déjà désintéressé. Il a été payé par anticipation de ses loyers à échoir, au détriment des autres
créanciers; il est donc essentiellement équitable que ceux-
ci soient indemnisés de ce droit exorbitant en faisant leur
profit du restant du bail.

Ce droit de relocation leur appartient, alors même que le
contrat interdit au locataire de sous-louer. Le locateur, en
effet, en exigeant par anticipation le payement de ce qui lui
est dû, est censé renoncer à cette clause au profit des
autres créanciers. Il n'était même nécessaire de leur
accorder spécialement ce droit de relocation que pour le
cas où une semblable clause existerait. Pour les autres cas,
c'eût été inutile, le droit commun, d'après lequel les
créanciers peuvent exercer les droits de leur débiteur (1),
leur étant suffisant.

Mais ils ne peuvent exercer ce droit de relocation qu'en
payant immédiatement tous les loyers ou fermages échus
et même à échoir. Il ne suffirait pas qu'ils prissent l'enga-
gement de les payer à leur échéance. C'est au payement de
ce qui est encore dû au propriétaire, et non pas à l'enga-
gement de le payer, que la loi subordonne l'exercice de ce
droit.

Ils ne peuvent même pas invoquer ce droit, si le bailleur n'exige pas par préférence les termes à échoir, et s'en
tient aux termes échus et non payés.

(1) Art. 1166 C.

Mais, pour savoir si ce droit leur appartient, il est inutile de distinguer si le bail a ou n'a pas date certaine.

Lorsque le bail n'a pas date certaine, le privilège du locateur n'existe que pour une année, à partir de l'expiration de l'année courante. Cette restriction a pour cause la crainte d'un concert frauduleux entre le bailleur et le locataire à l'effet d'augmenter, au préjudice des autres créanciers, la durée du bail, et par suite la quantité des loyers ou fermages privilégiés.

Puisque le bailleur a un privilège pour une année à partir de l'expiration de l'année courante, à plus forte raison l'au ait-il pour un terme à venir moins long, si le bail n'avait pas été fait à l'année et se terminait plus tôt; car *non debet ei cui plus licet non minus licere.*

§ VI. — De la revendication des objets déplacés de la maison ou de la ferme. — Droit de saisie-gagerie.

D'après le droit romain, le déplacement des objets hypothéqués, leur vente même, ne portait aucune atteinte au droit de suite. Le bailleur conservait son action servienne ou quasi-servienne pour les suivre entre les mains des tiers possesseurs ou acquéreurs et les leur revendiquer. Il ne pouvait être repoussé que par une prescription de long temps. Aussi l'hypothèque tacite des lois romaines avait-elle plus de persistance que le privilège du droit coutumier. D'après les coutumes, en effet, lorsque les fruits ou les meubles avaient été enlevés des fermes ou des maisons, fussent-ils même restés en la possession du locataire, le droit de suite s'évanouissait promptement. Par exemple, dans l'Orléanais, le locataire d'une maison n'avait que huit jours pour suivre les meubles qui avaient été déplacés, et le bailleur à ferme n'en avait que quarante (1). Aussitôt ces délais expirés, la grande maxime de notre droit français : « Meubles n'ont pas de suite par hypothèque, » reprenait tout son empire. Cette maxime existe encore aujourd'hui ; elle est conforme à cette autre : « En fait de meubles, possession vaut titre, » avec laquelle elle se combine pour protéger la libre circulation des choses mobilières. D'un autre côté, en règle générale, les priviléges sur les meubles ne dérogent au droit commun que par la faveur qu'ils confèrent au créancier gagiste d'être payé sur le prix de ces meubles par préférence aux autres créanciers. Mais ce droit n'existe que si la chose reste entre les mains du débiteur, et il s'évanouit dès qu'elle a cessé de faire partie de ses biens. En d'autres termes, les priviléges sur les meubles donnent un droit de préférence, mais ils ne donnent pas de droit de suite.

Malgré ces principes et les motifs sur lesquels ils s'appuient, les locateurs sont tellement favorables, qu'il existe à leur égard une exception. Les propriétaires et principaux locataires peuvent, en effet, saisir les meubles qui garnissaient la maison ou la ferme, lorsqu'ils ont été déplacés sans leur consentement, pourvu qu'ils fassent la revendication, savoir : lorsqu'il s'agit du mobilier qui garnissait une ferme, dans le délai de quarante jours, et dans celui de quinzaine, s'il s'agit des meubles garnissant une maison (2).

Ce n'est pas, à proprement parler, une revendication que fait le locateur des objets déplacés; car il n'en est pas propriétaire, et la revendication n'est que l'apanage de la

(1) Pothier, *Du louage*, n° 257.
(2) Art. 819 pr.—Art. 2102, § 1, n° 3, G.

qualité de propriétaire. Cette dénomination a sa source dans les antiquités du droit romain ; elle tire son origine de l'action servienne, qui n'était rien autre chose que la revendication de la possession du gage accordé au bailleur.

Le Code Napoléon la qualifie de saisie-revendication.

Cette saisie-revendication se distingue de la revendication ordinaire en ce qu'elle a pour but de faire replacer dans la maison ou la ferme les meubles qui en ont été enlevés sans l'autorisation du locateur, pour qu'il puisse les faire vendre plus tard ; tandis que, dans une revendication ordinaire, le demandeur conclut à la remise entre ses mains de la chose revendiquée. Il en résulte que le propriétaire qui revendique doit prouver que la chose est à lui, tandis que le locateur doit seulement prouver que les meubles étaient dans sa ferme ou dans sa maison, et qu'ils en ont été emportés sans son consentement.

Si la loi autorise la revendication des meubles déplacés, c'est à la condition que ce déplacement se sera fait sans le consentement du locateur.

Ce consentement peut être exprès ou tacite. Ainsi le bailleur qui aura aidé volontairement à transporter le mobilier hors de la ferme ne pourra le revendiquer pour l'y faire remettre ; car il y a dans son concours une renonciation tacite à son droit de gage sur cet objet.

La revendication ne pourrait avoir lieu contre les choses qui ont été enlevées après avoir été vendues, si elles étaient destinées, d'après leur nature même, à être aliénées : tels sont les fruits de la ferme. Le locateur est réputé consentir tacitement à la vente de ces choses, parce que leur destination est qu'elles soient vendues, et que si le fermier ne les vendait pas, il ne pourrait payer ses fermages. Il faut en

dire autant des marchandises qu'un négociant avait dans
le magasin par lui pris à loyer.

Mais la saisie-revendication peut-elle être utilement exercée contre un tiers qui a acquis de bonne foi les meubles
d'un fermier ou locataire affectés au payement des loyers
ou fermages? Dumoulin admettait, dans ce cas, le droit
de saisie-revendication : « Etiam contra emptores bonæ
fidei, modo intra breve tempus (1). » Il se fondait sur ce
que les meubles ne peuvent être déplacés, et que de la
part de l'acheteur enlever les meubles sans le consentement
du bailleur, c'était commettre un véritable larcin de son
droit de gage, puisque nul n'est censé ignorer la loi. L'o-
pinion de Dumoulin, bien que combattue par bon nombre
d'auteurs, avait prévalu dans l'usage (2). Elle a été implici-
tement approuvée par le Code Napoléon; car il nous dit que
la saisie-revendication peut avoir lieu dès que les meubles
ont été déplacés sans le consentement du propriétaire-locateur, et cela sans distinguer si c'est le preneur ou un tiers
qui a opéré l'enlèvement. Le droit du propriétaire-locateur
triomphe de la maxime « En fait de meubles, possession
vaut titre, » puisque le déplacement dont on a voulu le
rendre victime est une sorte de vol de son droit de nantis-
sement.

Cependant le locateur n'est pas aussi favorisé, sous le
rapport du délai de la revendication, que le propriétaire
dont les meubles ont été frauduleusement soustraits. Celui-
ci peut, en effet, les revendiquer pendant trois ans, à compter du jour du vol, contre celui dans les mains duquel il les
trouve, tandis que la saisie-revendication a beaucoup moins
de durée.

---

(1) Sur l'art. 125 Bourbonnais.
(2) Pothier, *Du louage*, no 261.

Pour ne pas entraver trop longtemps la liberté du commerce des choses mobilières, cette revendication a été limitée à quinze jours pour les meubles garnissant une maison, et à quarante jours pour ceux garnissant une ferme.

Pourquoi avoir accordé un délai beaucoup plus long au propriétaire des fonds ruraux pour la même revendication ? C'est que la surveillance s'exerce moins facilement sur les biens de campagne que sur les biens de ville, et que les déplacements de meubles y peuvent être plus longtemps ignorés. Le propriétaire est ordinairement sur les lieux, lorsqu'il s'agit d'une maison ; il n'en est pas de même pour les héritages ruraux.

Mais le point de départ du délai est le même pour ces deux espèces de locateurs. Le délai court, dans l'un et l'autre cas, à partir de l'enlèvement des meubles, alors même que cet enlèvement aurait été le résultat d'un concert frauduleux pratiqué entre le locataire ou fermier et un tiers.

Outre cette saisie-revendication, les propriétaires ou principaux locataires ont encore, pour protéger le payement des loyers et fermages, une autre prérogative qu'ils doivent à l'ancien droit français : ils ont le droit de faire saisir-gager les meubles, pour empêcher qu'ils ne disparaissent de la maison ou de la ferme pendant les débats sur les loyers et fermages.

Cette saisie-gagerie n'est pas, sans doute, une conséquence nécessaire du privilége du locateur, mais elle contribue à en assurer l'exécution.

Elle appartient aux propriétaires et principaux locataires de maisons ou de biens ruraux, soit qu'il y ait un écrit qui constate le bail, soit qu'il n'y en ait pas.

Ce droit de saisie-gagerie n'est pas aussi étendu que le privilége du bailleur. Ce privilége, dans certains cas, peut être exercé et pour les loyers ou fermages échus et pour ceux à échoir. La saisie-gagerie n'est jamais permise que pour les loyers ou fermages échus.

Pour les loyers des maisons, elle s'exerce sur les effets qui s'y trouvent, et pour les fermages, sur les effets et fruits qui sont dans les bâtiments ruraux et sur les terres.

Elle est pratiquée sans qu'il soit besoin de permission du juge, mais à la condition que ce soit un jour après sommation préalable.

Néanmoins, s'il y a péril en la demeure, elle peut l'être à l'instant, en vertu de la permission que les propriétaires ou locataires principaux auront obtenue, sur requête, du président du tribunal de première instance.

Les effets des sous-fermiers et sous-locataires garnissant les lieux par eux occupés et les fruits des terres qu'ils sous-louent peuvent aussi être saisis-gagés pour les loyers et fermages dus par le locataire ou fermier de qui ils tiennent. Mais ils obtiendront mainlevée en justifiant qu'ils ont payé, sans qu'ils puissent cependant opposer des payements faits par anticipation (1).

§ VII. — Quel est le rang du privilége du locateur?

Après la vente des meubles du locataire ou fermier, il s'agit de régler le droit de préférence du locateur sur le prix. Quelles sont les créances qui doivent être payées avant la sienne?

Dans l'ancien droit, suivant Prévost de la Jannès (2), il devait d'abord laisser payer :

(1) Art. 820 pr.
(2) *Princip. de la jurisp. franç.*, vº hypoth., p. 202.

1° Les frais de justice (1) ;

2° Les frais funéraires et ceux de dernière maladie ;

3° Les frais faits pour produire ou conserver la chose, tels que les salaires des moissonneurs et des valets de labour sur les grains récoltés (2) ; — les salaires des vignerons sur le vin, — et les frais de transport des voituriers sur les marchandises qu'ils ont voiturées (3) ;

4° La dîme sur les fruits de la terre.

Ce n'était qu'après le payement de toutes ces créances que le locateur recevait le payement de la sienne. Son privilége ne venait donc qu'au cinquième rang; mais il était supérieur aux précédents, en ce que :

1° Il pouvait s'exercer sur des effets qui n'appartenaient pas au locataire : il suffisait qu'ils eussent été mis dans la maison ou dans la ferme pour l'usage de celui qui l'habitait;

2° En ce qu'il donnait le droit de suivre, pendant un certain temps, les meubles sur lesquels il portait, lorsqu'ils étaient enlevés de l'hôtel ou de la ferme.

Ces deux différences ont été conservées par le Code Napoléon.

Mais, d'après ce Code, quel rang faut-il donner au privilége du bailleur? Ce rang n'a été indiqué par la loi que pour certains cas particuliers. Ainsi, les sommes dues pour les semences et pour les frais de la récolte de l'année sont payées par préférence au propriétaire-locateur sur le prix de la récolte. Mais ces créances sont primées par celles du bailleur sur le prix des récoltes antérieures à celles de

(1) Parlement de Paris, 1er décembre 1627.

(2) Doual, chap. 5, art. 5 et 6.—Orl., art. 115.—Automne, *Conf. du droit français avec le droit romain civil et canon.*, p. 222.

(3) Orl., art. 115.

l'année, et, à plus forte raison, sur le prix de tout ce qui garnit la ferme et de tout ce qui sert à son exploitation.

Les sommes dues pour ustensiles, soit qu'elles aient pour cause leur réparation ou leur achat, soit qu'elles aient été connues ou ignorées du propriétaire de la ferme, sont également acquittées sur le prix de ces ustensiles avant la créance du locateur.

Le privilége des fournisseurs d'ustensiles n'affecte aucune autre chose de la ferme.

Les fournisseurs d'engrais n'ont pas de privilége. Le propriétaire a dû croire que le fermier n'achetait pas d'engrais, l'usage étant de ne pas faire de ces sortes d'achats, qui seraient cependant très-avantageux à toutes les parties.

Le privilége du trésor public sur les biens meubles de tous les comptables chargés de la recette ou du payement de ses deniers ne s'exerce qu'après le privilége du locateur (1).

Il en est de même du privilége du trésor public sur les meubles et effets mobiliers des condamnés, pour le remboursement des frais dont la condamnation est prononcée à son profit en matière criminelle, correctionnelle et de police (2).

Le privilége du locateur ne s'exerce avant celui de l'administration des contributions indirectes que pour six mois de loyers seulement (3).

Le privilége du vendeur d'effets mobiliers ne s'exerce

(1) Art. 2, l. 5 septembre 1807, relat. aux dr. du trésor publ. sur les biens des compt.

(2) Art. 2, l. 5 septembre 1807, relat. au mode reconv. des frais de just.

(3) Art. 11 l. 1er germ. an XIII.

7

qu'après celui du propriétaire de la maison ou de la ferme,
à moins qu'il ne soit prouvé que le propriétaire avait con-
naissance que les meubles garnissant sa maison ou sa ferme
n'appartenaient pas au locataire (1).

Mais, quels que soient les cas dans lesquels la loi a assigné
une place au privilége du locateur, il est certain qu'ils sont
insuffisants pour résoudre d'une manière satisfaisante
toutes les hypothèses que peut faire naître le concours du
privilége du locateur soit avec les autres priviléges spéciaux,
soit avec les priviléges généraux. Il n'y a peut-être pas de
questions où l'esprit de controverse puisse se donner aussi
libre carrière. Au milieu de toutes les opinions si diver-
gentes que ce sujet fait naître, il y a un principe qu'il ne
faut jamais oublier, c'est qu'entre les créanciers privilégiés,
la préférence se règle par les différentes qualités des priviléges (2), et que les créanciers privilégiés qui sont dans le
même rang sont payés par concurrence (3). C'est par application de cette règle qu'on devrait préférer les frais faits
pour la conservation de la chose aux loyers et fermages;
car ils ont servi à conserver le gage du propriétaire locateur (4) : tel est le prix de ce qui est dû à un vétérinaire
pour soins donnés aux bestiaux de la ferme.

Il faudrait aussi payer les frais funéraires avant le prix de
location (5).

(1) Art. 2102 4° C.
(2) Art. 2096 C.
(3) Art. 2097 C.
(4) D. 20, 4, 5 et 6 pr.
(5) D. 11, 7, 14, § 2.

SECTION II.

DE LA CONTRAINTE PAR CORPS.

Outre leurs priviléges, les propriétaires des immeubles ruraux ont encore une autre prérogative, qui est celle de la contrainte par corps.

Il y a deux espèces de contraintes par corps en matière de bail à ferme.

L'une, légale et facultative pour le juge, est donnée contre les fermiers et colons partiaires qui ne représentent pas à la fin du bail le cheptel de bétail, les semences et les instruments aratoires à eux confiés, s'ils ne justifient pas que le déficit de ces objets ne procède point de leur fait (1). Ainsi l'exigeait l'intérêt général de l'agriculture ; il était nécessaire d'empêcher par cette voie rigoureuse la disparition de ces agents agricoles sans lesquels l'exploitation rurale ne peut fonctionner. Les fermiers ou colons partiaires ne peuvent pas dire ce que ces choses sont devenues ; il existe alors contre eux une présomption d'infidélité très-grave. Les lois nouvelles sur la contrainte par corps ne l'ont pas abrogée dans cette hypothèse.

L'autre espèce de contrainte était conventionnelle et obligatoire pour les tribunaux. Elle avait lieu contre les fermiers pour le payement des fermages des biens ruraux, lorsqu'elle avait été formellement stipulée dans l'acte de bail (2).

Cette disposition avait été empruntée à l'ordonnance de 1667, d'après laquelle il était permis aux propriétaires

(1) Art. 2062, *in fine*, C.
(2) *Ib.* pr.

des terres et héritages situés à la campagne de stipuler par
les baux la contrainte par corps. Sous l'empire de l'ancien
droit, le fermier qui ne payait pas le prix de sa jouissance,
traité comme s'il était coupable de larcin, était déclaré in-
capable du bénéfice de cession de biens (1).

La contrainte par corps ne pouvait être stipulée que par
les bailleurs à ferme; elle ne pouvait l'être par les bailleurs
à loyer. — Cette stipulation ne passait pas dans la tacite réconduction; — elle ne pouvait s'exercer contre les héritiers
du fermier; elle avait quelque chose de pénal : *odia sunt
restringenda.*

Il était même à désirer de ne plus la voir autorisée. Une
loi de 1832 avait commencé en quelque sorte à la battre en
brèche, en fixant sa durée, auparavant indéterminée, à un
maximum de cinq ans (2). Une autre loi de 1848 lui porta
le dernier coup, en déclarant que la contrainte par corps
ne pourrait plus être stipulée dans un acte de bail pour le
payement des fermages des biens ruraux (3). La contrainte
par corps était, dans ce cas, une mesure trop rigoureuse; la
liberté du fermier est plus précieuse que ce qu'il doit au
propriétaire; c'est un débiteur qui n'est pas indigne d'être
placé sous la sauvegarde du grand principe, en matière
civile, de la liberté individuelle, principe qui n'est que
l'écho de cette formule admirable des jurisconsultes
romains: « *Libertas omnibus rebus favorabilior est* (4).

---

(1) *Inst. au droit français*, par Argon, rev. par Boucher d'Argis, liv. III,
ch. 27, p. 285.
(2) L. sur la contrainte par corps, du 17 avril 1832, art. 7, *in fine.*
(3) L. sur la contrainte par corps, du 13 décembre 1848, art. 2.
(4) D. 50, 17, 122 et 176, § 1.

QUESTIONS.

DROIT ROMAIN.

I. La loi 21 C. *locat. cond.* prévoit-elle un cas de louage ? — Oui.

II. Le colon partiaire est-il obligé d'apporter à la chose tous les soins d'un bon père de famille ? — Oui.

III. Le locateur doit-il prouver que l'incendie est arrivé par la faute du locataire ? — Oui.

IV. La loi 9, § 3, doit-elle être modifiée dans son texte pour pouvoir être expliquée ? — Oui.

DROIT FRANÇAIS.

DROIT CIVIL.

I. Lorsque le bail n'a pas date certaine, le privilége du locateur existe-t-il non-seulement pour une année à partir de l'expiration de l'année courante, mais encore pour l'année courante et tout ce qui est échu ? — Oui.

II. Les avances faites par le bailleur en vertu d'un contrat de prêt distinct du bail sont-elles garanties par le privilége du bailleur ? — Non.

III. La généralité ou la spécialité des priviléges est-elle

de quelque influence dans leur classement ? — Non , si l'on excepte les choses immobilières.

IV. Le bail à colonage partiaire est-il résolu par la mort du colon ? — Non.

PROCÉDURE.

I. L'exception résultant du défaut de tentative de conciliation est-elle d'ordre public ? — Non.

II. La fin de non-recevoir contre un appel , résultant de ce qu'il a été interjeté après les délais, peut-elle être couverte par des défenses au fond ? — Oui.

DROIT CRIMINEL.

I. Est-il question d'une solidarité parfaite dans l'art. 55 pén. ? — Oui.

II. Pour que l'art. 7 Inst. cr. soit applicable , faut-il que le fait imputé soit qualifié crime par la loi pénale ? — Oui.

DROIT COMMERCIAL.

I. Le commissionnaire a-t-il un privilége pour les avances qu'il a faites antérieurement à l'expédition des marchandises ? — Non.

II. Les tiers créanciers d'une société en commandite ont-ils une action directe et personnelle contre les commanditaires à fin de payement des dettes, jusqu'à concurrence de leur commandite ? — Non.

DROIT ADMINISTRATIF.

I. Les contestations relatives aux baux des biens de l'État sont-elles, en règle générale, de la compétence des tribunaux ordinaires? — Oui.

II. L'art. 47 du décret du 1er germinal an XIII, qui limite, à l'égard de l'administration des contributions indirectes, le privilége du locateur sur les effets mobiliers des redevables de cette administration à six mois de loyers, a-t-il été abrogé par la loi du 5 septembre 1807? — Non.

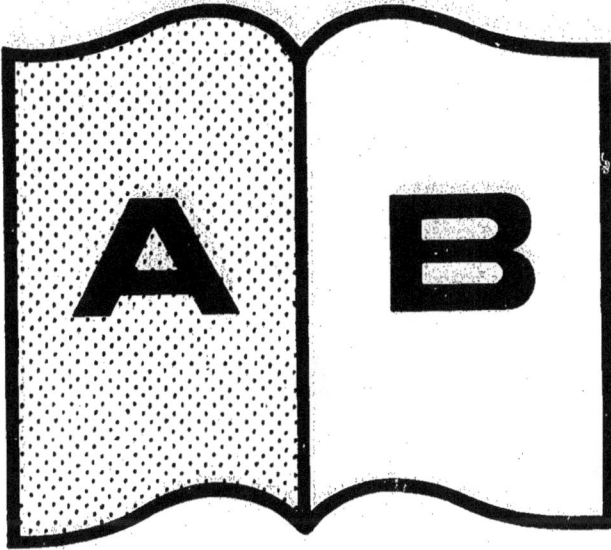

Contraste insuffisant

NF Z 43-120-14